MANA

## In der Abenteuer REISEN-Reihe bisher erschienen:

Geliebtes **Australien**
Barbara Barkhausen
978-3-95503-012-4

Verrücktes **Australien**
Daniel Kramer
978-3-95503-032-2

Geliebtes **Kanada**
Marc Lautenbacher
978-3-95503-051-3

Geliebtes **Griechenland**
Kurt Schreiner
978-3-95503-054-4

Geliebtes **Brasilien**
Klaus D. Günther
987-3-95503-064-3

Fremdes **Japan**
Thomas Bauer
978-3-95503-095-7

Fremdes **Neuseeland**
Ann Kathrin Saul
978-3-95503-098-8

Fremder **Iran**
Iris Lemaczyk
978-3-95503-107-7

Fremde **Mongolei**
Bernhard Wulff
978-3-95503-110-7

Wild **Roadtripp**
Mathias Vatterodtl
978-3-95503-119-8

**Fernsucht**
Rolf Wilhelm Stärk
978-3-95503-171-8

**Walk it off**
Ann Kathrin Saul
978-3-95503-174-9

Fremdes **Georgien**
Iris Lemanczyk
978-3-95503-197-8

Alle Bücher sind auch als E-Book erhältlich.

Bibliografische Information der Deutschen Nationalbibliothek
Die Deutsche Nationalbibliothek verzeichnet diese Publikation in der Deutschen Nationalbibliografie. Detaillierte bibliografische Daten sind im Internet unter http://dnb.dnb.de abrufbar.

© 2020 MANA-Verlag, www.mana-verlag.de

Titelfoto: CC BY-SA 4.0 - Mayra Villas Boas Francisco Zamulko - international
Weitere Bilder siehe Bildnachweis

Umschlagentwurf, Satz und Layout: MANA-Verlag

Druck: Dardedze, Riga, EU

ISBN: 978-3-95503-206-7

Bernhard Wulff

# Geschichten aus Lateinamerika

Vergiss alles, was du über Regenbögen weißt

# Inhalt

# Auftakt

Wir strandeten nachts, mit großer Verspätung aus der Mongolei kommend, am Moskauer Flughafen Scherementjewo und verpassten unseren Aeroflot Anschlussflug nach Deutschland. Mit uns wartete eine größere Gruppe und sah erwartungsfroh einer Erklärung über das weitere Vorgehen entgegen. Diese fiel knapp und überraschend aus:

„Heute gibt es keinen Flug mehr nach Deutschland. Dafür bieten wir Ihnen eine Übernachtung in unserem Hotel am Flughafen. Leider haben wir nur noch einige Doppelzimmer. Bitte suchen Sie sich einen Partner, mit dem Sie das Zimmer teilen möchten."
Eine delikate Aufgabe.

Ich schaute mich um. Neben mir stand ein Naturbursche, braungebrannt, der, wie sich herausstellte, von einem Trekking-Urlaub aus der Mongolei kam. Er strahlte die ruhige Gelassenheit eines Mannes aus, den nach einer Wanderung durch die Steppe nichts mehr erschüttern kann. Wir nickten uns zu, er öffnete wortlos lächelnd seine Plastiktüte mit trockenen Keksen und einer Flasche Wodka, was sich prima mit meinen trockenen Keksen und meiner Flasche Wodka ergänzte. Unsere erste Übereinstimmung. Die Nacht war damit gerettet, und unter größtmöglichen Sicherheitsvorkehrungen wurden wir in ein luxuriöses, und vor allem gesichertes Moskauer Hotel eskortiert. Auf jedem Hotelflur saß ein Sicherheitsoffizier, der misstrauisch kontrollierte, ob jemand heimlich ins Freie lief. Auch waren sämtliche Zimmerfenster verriegelt, selbst ein eventueller Fenstersturz war ausgeschlossen. Der heilige russische Boden wurde sorgfältig geschützt.

Im Zimmer angekommen, unternahmen wir zunächst den vergeblichen Versuch, einen nichtrussischen Fernsehkanal zu finden, der unsere Trübsal hätte lindern können und legten uns schließlich ermattet auf das riesige Bett, öffneten die erste Flasche Wodka und begannen, uns die ganze Nacht Geschichten und Reiseerlebnisse zu erzählen, wie Scheherazade in tausendundeiner Nacht, die ihr Leben einst durch ihre spannende Erzählkunst rettete. Werner reiste gerne und viel und hörte sehr genau zu, als ich von meinen Erlebnissen und Abenteuern aus Südamerika berichtete. Am nächsten Morgen waren nicht nur die Wodka- und Keksvorräte aufgebraucht, sondern wir verließen das Hotel als Freunde, die wir bis heute geblieben sind. Einige Monate nach unserer denkwürdigen Nacht in Moskau rief er mich an:

„Rate mal, wo ich gerade herkomme?"

„Keine Ahnung."

„Deine Schilderungen in Moskau haben mich bewogen, so rasch wie möglich zu allen Stationen, Städten, Landschaften, Ländern deiner Geschichten in Südamerika zu reisen. Ich musste das einfach selbst erleben. Es hat sich gelohnt."

Ich fühlte mich geehrt und gerührt.

Sicherlich hatte der Wodka im Moskauer Hotel seinen Beitrag dazu geleistet, dass die Schilderungen besonders farbig ausgefallen waren.

Einige dieser Moskauer Geschichten über Südamerika haben in dieser Sammlung ihren Platz gefunden, weitere kamen seither hinzu.

## Erste Begegnung mit Lateinamerika

Es begann mit meiner sechswöchigen Konzertreise durch Lateinamerika als künstlerischer Leiter des Ensemble Modern aus Deutschland. Das war in den frühen 1980ern, die Inflation in Argentinien war damals so dramatisch, dass ein Restaurantbesuch mehrerer Personen mit einem Berg Papiergeld bezahlt werden musste. Es war das Zeitalter vor dem Internet, Faxgeräte gab es zunächst nur an Hauptpostämtern, und ein Fax wurde vom Expressboten ausgetragen. Ein normaler Brief brauchte von Deutschland etwa drei Wochen nach Buenos Aires, die Antwort drei Wochen zurück, plus Bearbeitungszeit konnte es schon zwei Monate dauern, bis man sich ausgetauscht hatte. Zwei ganze Monate, in denen man sich auch ganz anderen Dingen widmen konnte. Um diese Konzerttournee zu organisieren, schickte ich pro Station etwa zwei bis drei Briefe, zwei bis drei Faxe und telefonierte zwei- bis dreimal.

Mitte der 1990er war das Internet noch nicht verbreitet, doch gab es bereits sehr einfache Übersetzungscomputer, manches Mal mit hohem Unterhaltungswert: auf meine Frage nach dimmbaren, beleuchteten Notenpulten wurde mit der Gegenfrage geantwortet, warum wir die Glühbirnen essen wollten.

Es folgten weitere Reisen als Gastdirigent diverser örtlicher Sinfonieorchester, Reisen zu Vorträgen und Meisterklassen oder auch mit dem Schlagzeugensemble der Freiburger Musikhochschule. Das siebenköpfige Ensemble reiste mit viel Gepäck und allerlei Instrumentenkisten – insgesamt mit 15 größeren Koffern und Gepäckstücken. Um Diskussionen über das Übergepäck an den Flughäfen zu umgehen, hatten wir Geheimwaffen: die blonde Ines und den genauso blonden Falko. Sie waren in Südamerika auffallende Exoten. Wenn eine Frau am Schalter saß, musste der schöne blonde Falko die Verhandlungen führen, war es ein Mann, die schöne blonde Inez. Das Ergebnis war ernüchternd: Es klappte jedes Mal.

Über einen Zeitraum von 30 Jahren waren es etwa 20 Konzertreisen – nach Mexico, Brasilien, Guatemala, Uruguay, Chile, Argentinien und Ecuador. Von dort kam später der wichtige Komponist Mesias Maiguashca nach Freiburg, dem Komponisten aller südamerikanischen Länder folgten, einige von ihnen erhielten Kompositionsaufträge. Die Stadt am Oberrhein wurde dank des Einsatzes einiger Freiburger Ensembles das europäische Zentrum zur Pflege zeitgenössischer Musik Südamerikas.

# Kapitel I

## MEXICO

„Lateinamerika" klingt weit weg, geheimnisvoll, fremd. Der Kontinent steht für grandiose Landschaften, Indios, Gold, untergegangene Kulturen, exotische Tiere, Eroberungskriege, Montezuma, soziale Ungerechtigkeit, überwundene Militärregierungen, Reichtum, zerrüttete Staatsfinanzen. Auswandererschicksale werden in Erinnerung gerufen.

Nach dem zweiten Weltkrieg trafen sich dort die Täter und die Opfer. Man erinnert sich an einen der seltsamsten Eroberungserfolge der Menscheitsgeschichte durch die Spanier. Auf der Suche nach Reichtum und Gold fanden die spanischen Conquistadores im Mexico des Jahres 1519 Azteken- und Mayareiche vor, deren Existenz ebenfalls das Ergebnis von Eroberungskriegen war. Doch waren sie nicht widerstandsfähig genug: Mit nur 15 Pferden und einer Handvoll Draufgängern wurde der Conquistador Cortés von den Indios zunächst willkommen geheißen, denn entsprechend ihrer Mythologie erwarteten sie Heil, das aus dem Osten kommend, von einem weißen Gott mit Bart gebracht werden sollte. Cortés erkannte seine Chancen, nutzte die Feindschaft der Stämme untereinander, gewann alle Kriege, großen Reichtum und öffnete für seine noch brutaleren Nachfolger die Tür zur Eroberung eines ganzen Kontinents.

Die Schiffbesatzung war eine bunte Mischung kampferprobter Soldaten der spanischen Reconquista, die zuvor gegen die Mauren in Spanien gekämpft hatten, von mittellosen Spaniern und Sträflingen, Mördern und Raufbolden, denen man als Alternative zu einem Leben zwischen Ratten im Gefängnis die große Fahrt mit der Aussicht auf Reichtum und Ländereien in der Ferne anbot. Es war zunächst eine nur kleine Schar, gleichwohl eine gefährlich motivierte Gruppe Wildentschlossener, angeführt von dem trickreichen, intrigant-brutalen Cortès, denn die Spanier kamen in Unterzahl, jedoch in großer militärischer Überlegenheit, mit taktisch und strategisch neuer Kriegsführung, einer blitzschnellen Kavallerie. Sie kämpften mit Waffen, die den Indios unbekannt waren, wie zum Beispiel mit gepanzerten Hunden. Auch Pferde kannten sie nicht, Ross und Reiter verschmolzen in ihrer Wahrnehmung zu monströsen Ungeheuern.

Die vielleicht stärkste Waffe allerdings war Cortes' Sklavin Malinche, eine geschickte Dolmetscherin für mehrere Indiosprachen. Sie war Cortés' wichtigste Ratgeberin und Verräterin ihrer Landsleute bei weiteren Eroberungen. Als Resultat der Begegnung der Indios mit den Europäern starben in den ersten hundert Jahren der Eroberungen durch Kriege und vor allem durch die eingeschleppten Krankheiten 15 Millionen Menschen. Jeder Tod ist individuell, doch große Zahlen verkleinern individuelles Leid. Die Krankheiten und der Tod trafen auch Stammesfürsten, Medizinmänner, Geschichtenerzähler; große Populationen verloren widerstandslos innerhalb kurzer Zeit ihre Identität und ihr Gemeinwesen.

Meine ersten Erfahrungen mit Lateinamerika machte ich in Mexico, dem ersten Dominostein von Hernando Cortés. Das Flugzeug landete in Mexico City auf einem Hochplateau in 2.200 Metern. Die Luft in diesem Großraum für ca. 22 Millionen Menschen ist dünn, Verbrennungsmotoren hinterlassen in dieser Höhe besonders schmutzige Abgase. Vier Millionen PKW, 120.000 Taxen, 28.000 Omnibusse und einige zehntausend Lastkraftwagen erzeugen einen Smog, den die umgebenden Berge der Hochebene an Ort und Stelle halten. Die Luft von Mexico City eignet sich nicht gut zum Atmen.

Bei Regen wird der in der Luft schwebende Dreck des Tages herunter gewaschen und legt sich rutschig auf die Straßen. Dennoch sind Mexico City und seine Umgebung ein Erlebnis.

Ich vereinbarte mit einem Taxifahrer, einem älteren gebildeten Herrn, eine Pauschale für ein paar Tage, und er fuhr mich zu den Sehenswürdigkeiten innerhalb und außerhalb der Stadt, zu den Pyramiden und Klöstern, zu großen Marienprozessionen und zum Hausberg, dem Popocatepetl. Auf etwa 3.500 Metern Höhe kann man mit dem Auto zu einer Basisstation fahren, um von dort eine Kletterpartie zu unternehmen. Doch die bequeme Fahrt hat den Nachteil, dass die Zeit für eine Akklimatisierung fehlt: Bereits nach 100 Schritten wird man in dieser Höhe atemlos. Der Fahrer begleitete mich über den Fruchtmarkt von Pueblo und brachte mich zu einer kinderreichen Familie, die den besten fermentierten Kaktusschnaps, Pulpe, für den Eigengebrauch herstellt. Über den Fermentationsimpuls werden viele Geschichten erzählt, die man besser erst nach dem Genuss erfährt.

Das anthropologische Museum hat die wohl schönste Museumsarchitektur der Welt. Die Ausstellungskonzeption lädt den Besucher sanft und unaufdringlich ein, die einzigartigen vorkolonialen Kulturreste zu entdecken. Ein freischwebendes Dach spannt sich elegant über den Innenhof. Schwalbengroße Schmetterlinge fliegen in den umgebenden Parkanlagen und in den wenigen Grünstreifen der Avenidas.

Mexico City bietet neben den enormen sozialen Kontrasten eine großartige, kulturelle Eigenständigkeit und pralles Leben auf den Straßen.

Von Mexico nach langer Reise in mein damaliges Haus im schweizerischen Basel zurückgekehrt, war mein erster Eindruck: tot ist es hier, wie nach dem Abwurf einer Neutronenbombe: kaum Menschen auf der Straße, kein Lächeln.

Hernando Cortés traf vor 500 Jahren auf einen einzigartigen Ort, auf dessen Ruinen später Mexico City entstand. Alte Zeichnungen lassen das Wunderwerk erahnen: Auf diesem Hochplateau lag einst der Texcoco See und auf dessen Inseln verteilte sich die Hauptstadt Tenochtitlan des Gottkönigs Montezuma, mit 100.000 Einwohnern damals eine der größten Städte der Welt. Die Abbildungen der Stadtanlage laden zum Träumen ein und erfüllen jeden Bildbetrachter mit schmerzhafter Trauer über den Verlust dieser Kostbarkeit. Die Spanier waren gründlich: Die Stadt wurde komplett zerstört und mit Mexico City überbaut, die Kathedrale auf dem Platz des alten Tempels und der Palast der spanischen Vizekönige aus den Überresten des Montezuma-Palastes errichtet, der See trockengelegt.

Cortes war ein rücksichtsloser Eroberer, doch die Geschichten vom braven, gutgläubigen Indio und den goldgierigen, brutalen Spaniern ist zu einfach, um wahr zu sein. Es war keineswegs eine friedvolle Gesellschaft, auf die Cortés traf: Die Azteken waren berüchtigt für ihre Menschenopfer: Auf dem Opferstein der Pyramidenspitze wurde Kriegsgefangenen, Kollaborateuren, Männern, schwangeren Frauen, sogar Kindern mit einem Steinmesser das Herz aus dem Leib geschnitten, damit gesichert war, dass die Sonne jeden Morgen erneut aufgehen würde. Einige Quellen sprechen von jährlich bis zu 40.000 Opferungen. Allerdings gab es auch Freiwillige, die ihr Leben der Sonne opferten.

## Virtuelle Talkshow

Ein Gedankenspiel drängt sich mir auf: Wäre Cortez nicht gekommen und hätte es keine gewaltsame Eroberung durch die Europäer gegeben und die Azteken würden weiterhin ihre Ritualmorde begehen, wie würde die Weltgemeinschaft wohl darauf reagieren? Wäre das Opfern von Menschen ein zu respektierendes religiöses Ritual, eine innere Angelegenheit Mexicos, in die sich niemand einzumischen hätte? Wo wäre die Toleranzgrenze?

In meinem Gedankenspiel sehe ich nun eine der vielen Fernseh-Talkshows vor mir. Thema: die jährlichen 40.000 Menschenopfer in

Mexico. Der höchste Würdenträger der Azteken ist geladen, Gott-König Xototl, „Meister der Sonnenbefragung", ein vornehmer Herr um die 60, in einem exotisch bunten Gewand, ferner ein katholischer Bischof, ein Vertreter der konservativen Parteien und ein Journalist. König Xototl hat feingeschnittene, weiche Gesichtszüge, eine zartbraune Haut und Pupillen mit einem leichten Goldglanz, der auch seine Haarspitzen ziert. Er trägt einen tiefblauen Federkopfschmuck, an den Ohren große, schmale Goldringe und an den bloßen Armen je einen breiten, verzierten Armreif. Er stammt in direkter Linie vom berühmten König Montezuma ab und er ist sich seiner Wirkung wohl bewusst. Der „Meister der Sonnenbefragung" spricht acht Sprachen, darunter Deutsch. Er hat eine hervorragende Ausbildung an verschiedenen internationalen Universitäten genossen, Astrophysik in Havard studiert und in Heidelberg über Heidegger promoviert. Als Staatsgast in Deutschland nutzt er in der Talkshow einer sehr bekannten deutschen Journalistin die Gelegenheit, einer breiten Öffentlichkeit die Traditionen seines Landes zu näher zu bringen und für die Idee eines neuen Tourismus zu werben: für eine Möglichkeit, sich in total abgeschiedenen Touristen-Camps in die traditionellen Kampfspiele einführen zu lassen, deren Sieger sich freiwillig der Sonne opfern dürfen. Es hat bereits überraschend viele Anfragen aus aller Welt gegeben, von Menschen, die ihrem Leben einen Sinn geben möchten.

Immer wieder haben uns sonderbare Berichte aus seinem Land erreicht. Denn wenig ist über dieses Mexico bekannt, es ist abgeriegelt wie Nordkorea und nur einigen wenigen Wagemutigen gelang es, das Land zu betreten und es auch lebend zu verlassen. Andere wurden gefasst und als Sondergabe der Sonne geopfert: Den Azteken ist es eine Ehre, der Sonne geopfert zu werden.

Die Sieger der blutigen Ballspiele, die berühmtesten Sportler und Tänzer widmen Ihr Leben der Sonne, sie werden ein Jahr lang mit sämtlichen Ehren und köstlich bewirtet, junge Mädchen erbitten ihre Defloration durch den Auserwählten, der sich nach einem Jahr auf der Spitze der Pyramide von Teotehuacan mit dem

Rücken auf den Opferstein legt, den Kopf weit nach hinten gebeugt, die Arme ausbreitet, um die Strahlen der Sonne zu empfangen, während der Oberpriester mit einem scharfen Steinmesser blitzschnell in seine Brust sticht und mit geübtem Griff das pumpende Herz herausschneidet und es der Sonne darbietet. Auch Fremden wird diese Ehre manchmal zuteil. Sie werden ein Jahr lang gepflegt und bekommen den bläulich schimmernden Honig der seltenen Kazatekl-Bienen, der einen weichen Rausch bewirkt und für die Betroffenen die Welt in ein zartes Rosa taucht. Die Fingernägel und Haarspitzen färben sich nach längerer Einnahme zart golden, das Herz schlägt schnell und wird so für die Opferung gestärkt.

Nur wenige können ihrer Opferung entkommen, die Berichte sind spärlich, manchmal widersprüchlich. Man spricht davon, dass den Neugeborenen zur Ehre der Sonne die Ohrläppchen abgeschnitten werden. Nur der höchste aller Azteken darf seine Ohrläppchen behalten, um die goldenen Sonnenohrringe zu tragen.

Xototl hört der Anmoderation der Journalistin aufmerksam zu, freundlich und wissend lächelnd, ähnlich wie der Dalai Lama. Die Kamera schwenkt langsam von seinem Antlitz zu den Gesichtern im Studiopublikum, das mit Entsetzen die grausamen Details im Anmoderationstrailer gesehen hat, einige verwackelte Bilder einer Opferungszeremonie, aus der Ferne unscharf aufgenommen. Die Moderatorin wendet sich ihm mit einer ersten Frage zu.

„Warum 40.000?"

Xototl lässt sich Zeit mit seiner Antwort: „Damit die Sonne am nächsten Morgen – auch für Sie – wieder aufgeht!" Dabei fixierte er sie mit den Augen. Ein leises Raunen des Publikums ist zu hören.

„Entschuldigen Sie, die Wissenschaft weiß doch seit 500 Jahren, dass sich die Erde um die Sonne dreht." Die Moderatorin ist fassungslos.

„Nun, das ist die wissenschaftliche, physische Deutung. Ich kenne natürlich die Theorien und akzeptiere die Version Ihrer Kultur. Sie mögen sich daran erinnern, ich habe Astrophysik in Havard studiert. Unser Land finanziert die fünf wichtigsten Obser-

vatorien der Welt mit. Die Wissenschaften erklären uns den Lauf
der Welt mit rationalen Konzepten. Ich weiß, wovon ich rede, ich
habe Physik und Astronomie in den USA und England studiert.
Doch das reicht keinesfalls, um die Welt zu verstehen. Es gibt in
allen Dingen eine metaphysische, spirituelle Ebene, die sich nicht
wie eine einfache Rechenaufgabe erschließt. Der Kern der Dinge
bleibt uns verborgen, im Großen und im Kleinen. Wir wissen zum
Beispiel, dass unsere Körpertemperatur normalerweise zwischen
36,3 bis 37,4 °C liegt, doch weiß niemand genau, warum das so ist.
Auch der Weg von der Wahrnehmung in das Bewusstsein ist, trotz
großer Erfolge der Neurologie, bislang unbekannt. Das Universum
sowieso. Wir verstehen es nicht, weil wir unser Gehirn nicht verstehen können, denn der Mensch ist nicht in der Lage, das System, in
dem er lebt, selbst zu erkennen. Mir sind die Diskussionen, die in
der sogenannten westlichen Welt geführt werden, alle bekannt und
ich kann Ihnen sagen, dass das, was Sie als Realität bezeichnen, eine
Scheinwelt ist, besser im Plural: Scheinwelten. Unsere Ethnologen
haben Ihre Kultur genau studiert und sie haben die Scheinweltebe-
nen Ihrer Kultur in Abschnitte und Segmente unterteilt. Da wären
zum Beispiel: die Ideale von Sicherheit, individueller Freiheit, von
Frieden, Gerechtigkeit, Zufriedenheit, Glück, dem Einklang mit der
Natur und vieles mehr. Ihre Menschen reden sich ein, und es wird
ihnen eingeredet, dass diese wichtigen Themen keiner Diskussion
mehr bedürften, dass man sich alles auch mit Geld kaufen könne.
Jeder von Ihnen jedoch weiß insgeheim, dass dies nicht möglich ist.
Deshalb sind viele Menschen in Ihrer Kultur innerlich leer, unzufrieden und ohne Lebensziel. Wir hingegen leisten einen Dienst für
die gesamte Welt: Sie sollten uns dankbar sein."

„Warum denn 40.000?" fragt sie nach.

„Sehen Sie", der Aztekenkönig lächelt nachsichtig: „Was ist mit
euren Verkehrstoten, die den Göttern der Geschwindigkeit und
dem Luxusgift der Bequemlichkeit geopfert werden? – 2014 waren
es weltweit 1.2 Millionen! Bei uns sind es lediglich 40.000, die sich
freiwillig als Opfer darbringen – die Besten der Besten. Ich denke,

wenn man heute das Automobil als neue Technologie einführen würde und gleichzeitig wüsste, dass dafür jedes Jahr weltweit 1.2 Millionen – alleine in Deutschland 3.000 – geopfert werden müssen, niemand wäre bereit, diese Technologie der Beweglichkeit einzuführen. Die Opferzahlen sind höher als bei jeder anderen Technologie – und doch, sie werden als bedauerlicher Schaden stillschweigend akzeptiert. Bei uns geben sich 40.000 freiwillig der Sonne hin, damit sie jeden Tag auf's Neue in großer Pracht aufgeht." Er reibt sachte an dem Armring und küsst die eingravierte Abbildung der Sonne."

Der Bischof wirft ein: „Sie finden Menschenopfer notwendig?"

„Damit der Mensch als Dialogpartner von den großen Gottheiten der Natur akzeptiert wird, werden seit Menschengedenken Opfer gebracht. Das hat es immer gegeben und wird es immer geben – es ist das größte Opfer für die größten Götter. Wir sprachen bereits über Ihre westlichen Opfer. Im Buddhismus, besonders im Lamaismus wurden Flöten aus den Oberschenkelknochen jungfräulicher Mädchen gearbeitet – Menschopfer für Ritualinstrumente! Sie machen Geschäfte mit Ländern, die behaupten, die Todesstrafe oder das Abhacken von Gliedmaßen sei eine lange Rechtstradition und eine innere Angelegenheit des Landes. Ich bitte Sie, wir haben immerhin ehrenwerte Absichten und helfen der gesamten Welt. Wir können es uns nicht erlauben, der Sonne nicht mehr zu opfern – die Welt würde untergehen. Wir sind ein auserwähltes Volk."

„Warum schneiden sie Babys die Ohrläppchen ab?"

„Das ist Teil der Idee von dem Bund mit der Sonne und Teil unserer Religion. Man darf die Menschen nicht in Versuchung führen, Ringe zu tragen, nur der König darf diese Ringe tragen, damit er von allen hervorgehoben wird." Er streicht mit beiden Händen langsam über seine Ohrringe, führt sie an die Nase und saugt dann den Sonnenduft der Ohrringe von seinen Fingern ein.

Der Politiker in der Runde wird grundsätzlich: „Die Würde des Menschen ist unantastbar – warum also schneiden sie?"

„Nun, da sind wir nicht allein", erwiderte er nachsichtig: „Warum werden in einigen Ländern aus gesellschaftlichen oder religiösen

Gründen immer noch Mädchen und Jungen beschnitten? Das Ohrläppchen ist eine Verunzierung, ein kleiner Fettsack, der als Missbildung entstand, als vor vielen Jahrhunderten einige unserer Vorfahren auch den Mond anbeteten – es gab eine Fettsack-Epidemie, die sich weltweit ausbreitete. Wir korrigieren das. Wir sind ein auserwähltes Volk – es gibt andere, die sich für auserwählt halten, doch alle haben Probleme mit ihren Nachbarn, wir nicht."

Nach einem weiteren Gedankenaustausch über Fragen religiöser Riten und Traditionen fragt die Moderatorin abschließend nach dem Grund seines Staatsbesuches.

„Wir hörten von einem neuen touristischen Konzept für deutsche Touristen." Xototl streckte sich für einen Moment und ließ die Moderatorin nicht aus den Augen, ihre Blicke trafen sich. Seine Zunge fuhr kurz über die Oberlippe, sein Gesicht spannte sich und bekam etwas Echsenhaftes. Die Nahaufnahme der Kamera zeigt den kühl zarten Goldglanz der Augen. Nach einem kurzen Moment entspannt sich Xototl, lehnt sich sanft ins weiche Kissen zurück, strahlt erneut in freundlicher Milde und fährt mit weicher Stimme fort:

„Ich kann Ihnen verraten, dass nur durch Mund-zu-Mund-Propaganda bereits einige tausend Personen zu uns gekommen sind. Wir geben diesen Menschen ein Lebensziel. Zugegeben, es ist nicht ganz billig und wird auch immer exklusiv bleiben. Diese Gäste müssen erst erklären, dass unser Staat als ihr Erbe eingesetzt wird. Sie werden erster Klasse nach Mexico geflogen, leben vier Wochen in einem sehr exklusiven Camp, werden in unsere Traditionen eingeführt, mit seltenen, kostbaren Speisen verwöhnt und bekommen unsere geheimen Weichdrogen, die ihnen bei ihrer letzten Reise zu spirituellen Erlebnissen auf der Pyramide von Teotihuacan behilflich sein werden, um direkt in das Licht der Sonne blicken zu können. Sie können jedoch jederzeit aussteigen und müssen den Weg der Sonnenopferung nicht zuende gehen. Das ist bislang nur drei Mal passiert."

Er lächelt der Moderatorin freundlich zu…… „Wenn Sie möchten, lade ich Sie gerne ein, seien Sie mein Gast. Als Journalistin notieren Sie sich alles und wenn es Ihnen nicht bei uns gefällt, fliegen Sie zurück und schreiben über Ihre Erlebnisse. Weltweit können Sie exklusiv berichten. Es könnte jedoch auch sein, dass Sie bleiben, bis die Sonne sich wendet." Er lächelt höflich und grüßt, sich verabschiedend, ins Publikum. Der Moderatorin bietet er seinen Goldring am Arm mit dem Sonnenrelief zum Kuss.

Einige Wochen nach dieser Talkrunde erhält die Moderatorin ein Schreiben der aztekischen Regierung. Ein Kurier überbringt ein prächtiges Kuvert, verziert mit goldenen Ornamenten in Goldprägung, geschrieben auf feingegerbten Pergament aus Echsenhaut. Versiegelt und vom König unterzeichnet: die Einladung. Sie erinnert sich an sein echsenhaftes Gesicht mit dem Goldschimmer in seinen Augen und ihr ist, als würde er sie durch das Pergament hindurch anschauen.

# Kapitel II

## ARGENTINIEN

Argentinien hat zwei Regionen: die Hauptstadt und den Rest. Buenos Aires ist das Paris Südamerikas und kulturelles Zentrum des Landes. Es leben 13 Millionen Menschen in der Metropolregion Buenos Aires und die Stadt verfügt über mehr Theatersäle als irgendeine andere Metropole der Welt: fast 190 Theater zählt der Kulturfreund. Eines der berühmtesten Opernhäuser der Welt ist das Teatro Colon. New York hat circa 135 Säle, Paris und Berlin jeweils etwa 150. Die Zahl der zur gleichen Zeit gespielten Theaterstücke ist beeindruckend. Außer im Hochsommer hat man zu jeder Zeit die Auswahl zwischen etwa 400 verschiedenen großen und kleinen Theateraufführungen.

Die Militärdiktatur war eine finstere Zeit der jüngeren Geschichte, spurlos verschwanden etwa 30.000 Menschen. 2.000 von ihnen starben durch den Abwurf aus Militärflugzeugen über dem nahen Atlantik. Diese allwöchentlichen Todesflüge wurden von einem Priester begleitet, der die Absolution erteilte. Seither protestieren bis heute Mütter von Verschwundenen vor dem Präsidentenpalast.

Buenos Aires ist die Stadt der Melancholie, des Wartens auf Erlösung. In keinem anderen Ort gibt es so viele Psychologen wie in Buenos Aires. Die gelben Seiten der Telefonbücher sind voll davon. Insgesamt sind es 63.000. Jedes Jahr kommen neue von den Universitäten dazu. Arbeit scheint es genug zu geben, denn kommen in

Berlin auf 100.000 Menschen 25 Psychologen und in New York 100, so sind es in Buenos Aires 795 – das ist Weltspitze. Man geht regelmäßig zu „seinem" Psychologen wie zu einem Friseur, nur sehr viel öfter, und redet ganz offen darüber, wie über einen Zahnarztbesuch. Die Porteños, wie sich die Einwohner von Buenos Aires nennen, beschäftigen sich gerne mit sich selbst und damit, was andere über einen denken könnten und sind immer auf der Suche. Sie sind durchdrungen von einer tiefen Melancholie und dem Wunsch nach Reflexion, dem Warum.

Es hat mit der Geschichte der Einwanderer zu tun: die Eltern sind entweder vor der Arbeitslosigkeit und Armut geflohen oder vor dem Krieg, etwa aus Italien, Spanien oder Deutschland. Vieles blieb zurück. Man erinnert sich an die Wurzeln der eigenen Familie, spürt den Verlust, die Abwesenheit. Diese Melancholie ist Teil des Lebens und verlangt nach Erklärung, Erläuterung und Begleitung. Der Tango gibt diesem Lebensgefühl eine Stimme, gibt der Trauer eine Form.

# Melancholie

TANGO!

„Tango, ein trauriger Gedanke, den man tanzen kann"
(Enrique Santos)

„Tango, der vertikale Ausdruck eines horizontalen Verlangens"
(George Bernhard Shaw)

Ein Tango klingt sentimental und dennoch gefährlich, wie ein offenes Messer in der Tasche. Tango ist ein Totentanz und beschwört dennoch das pralle Leben. Sowohl Buenos Aires als auch Montevideo in Uruguay, auf der anderen Seite des Rio de la Plata, machen sich gegenseitig die Erfindung des Tangos streitig. In Montevideo ist die Melancholie des Tangos ein wenig fröhlicher, Buenos Aires bewahrt sich die Bittersüße, die getanzten Sehnsüchte.

Er entstand zwischen 1850 und 1900 in den Kneipen am Hafen, in den Bordellen und Spelunken der ärmeren Vororte. Die argentinische Regierung hatte Immigranten aus Europa mit dem Versprechen auf eigenes Land an den Rio de la Plata gelockt, konnte dieses Angebot indessen bei den eigenen Großgrundbesitzern nicht durchsetzen. Es war die Zeit der gescheiterten Hoffnungen der Migranten, die alles in der Heimat aufgegeben hatten, um hier ihr Glück zu suchen und die dann in Buenos Aires und in Montevideo strandeten, auf der anderen Seite des Flusses. Einige haben ihr Glück gefunden, andere suchten den Ausdruck ihres Versagens, den Schmerz über den Heimatverlust, im Tango.

Die vielen Neuankömmlinge aus der alten Welt trafen am Rio de la Plata auf abertausende landflüchtige Gauchos aus der Pampa und zahlreiche afrikanische Sklaven Es war eine auf engem Raum lebende Männergesellschaft, durch die die Prostitution gefördert wurde. Die Menschen, die voller Hoffnungen nach Südamerika ausgewandert waren, hatten nun keine Perspektiven mehr. Das Klima, in dem der Tango entstand, war geprägt von Banditentum und Prostitution. Der Tango beklagt die verlorene Liebe, Heimat, Jugend, sein Thema ist Traurigkeit und Vergessen. Er begann anschließend als Modetanz seinen Siegeszug um die Welt, er wurde verändert, adaptiert und für europäische Kaffeehäuser musikalisch weichgespült.

Der originale Tango Argentino ist bis heute die Seele von Buenos Aires geblieben. Wöchentlich werden 300 Tangoveranstaltungen registriert, an 120 Orten, mit 35.000 Besuchern.

Nachdem Astor Piazolla dem Tango den Weg aufs klassische Podium geebnet hatte, entwickelte sich zusätzlich eine eigene konzertante Aufführungstradition. Ein Zentrum für diese Tango-Konzerte auf allerhöchstem künstlerischen Niveau war der schicke Club del Vino, in dem ich Tangolegenden erleben durfte, wie etwa im Jahre 2001 den damals 90 jährigen Pianisten Horacio Salgan, der mit leuchtendem Klavierton, ausdrucksstarker Leichtigkeit und Eleganz und bestechender rhythmischer Klarheit – wie die Mozart-Interpretation einer Clara Haskil – auf unerreichtem Niveau demonstrierte, welch kraftvolle und gleichzeitig sensible Kunstform im Tango schlummert. Mit ihm auf der Bühne der große De Lio an der Gitarre und Néstor Marconi, der Bandoneon-Meister und Erneuerer des Tangos – Stunden der Glückseligkeit!

Doch gibt es noch immer die von alten Leuten auf den Straßen von San Telmo getanzte Melancholie, auch wenn sie schon nicht mehr richtig laufen können, ein Tango geht immer. Und dann gibt es auch die Bar Sur, inzwischen längst ein Touristen-Hotspot, dieser Ort ist immer noch ein, etwas überteuertes, Tango-Kleinod. Man öffnet die Tür zu einer Zeitmaschine und betritt die 20er Jahre des letzten Jahrhunderts, alte pomadisierte Männer spielen mit heiligem Ernst ihre Instrumente, das Bandoneon wird zwischen langen Melodielinien rhythmisch auf die Oberschenkel geschlagen, explosionsartig entweicht die Luft mit peitschend scharfen Akzenten, die Metallzungen des Instruments schreien auf, Töne knallen förmlich aus dem Balg heraus, hart wie eine Trommel, nur mehrstimmig. Ein Farbiger singt eine tieftraurige Melodie, ein Solo-Paar tanzt mit katzenhaft akrobatischer Beinarbeit, wechselnd zwischen zärtlich lauerndem Stillstand und atemraubenden, gefährlich schnellen Sichelschlägen zwischen die Beine des Partners. Als ernste Zeremonie mit eleganter Strenge wird die Sentimentalität des Tangos zelebriert; Tango ist nie fröhlich, sondern er klingt gefährlich. In der leicht schummrigen Bar Sur ist jeder Gast Statist in einem alten Film.

Besonders lebendig wird die neu erwachte Tangobegeisterung bei einer traditionellen Milonga, einer Tanzveranstaltung, die ihren Namen vom gleichnamigen Tanz erhielt. Treffpunkte für Tanzbegeisterte, auch – zu sehr später Stunde nach Mitternacht – für die besten Tänzer der Stadt.

Um eine große Tanzfläche herum sitzt man an Tischen und sucht den Augenkontakt zu einem Tanzpartner. Hier wird vor allem das enge Tanzen mit viel Körperberührung gepflegt. Die Tanzpaare schmiegen sich eng aneinander, der Mann führt mit leichtem Schulterdruck und lässt seiner Partnerin immer genügend Raum zu improvisieren. Die Tanzfläche ist überfüllt, große Schritte verbieten sich. Ältere Tanzpaare drehen sich dort, mit den Schultern rhythmisch lenkend, langsam im Kreis, ein Ritual anrührender Zärtlichkeit.

# Die Unterrichtsstunde

Die Tanzlehrerin hatte sich ein paar Minuten verspätet, elegant parkte sie ihren Motorroller am Eingang, nahm ihren Helm ab und ein wuscheliger Haarschopf wurde freigelegt. Mit lachender Stimme stellte sie sich vor: „Hey, ich bin Laura, gehen wir hinein." Sie war mit ihren 30 Jahren bereits eine Autorität unter den Tangolehrerinnen und hatte ihre Tanzleidenschaft von ihrer Mutter übernommen. Ein gemeinsamer Freund hatte den Kontakt hergestellt, und wir vereinbarten einige Privatstunden „Tango Argentino".

In großen Mischkulturen gibt es die schönsten Frauen, zum Beispiel an der Copa Cabana in Rio, aber auch in Argentinien, einem Einwanderungsland, in dem u.a. Spanier, Italiener, Polen, Juden, Araber, Afrikaner, Deutsche zusammenfanden. Laura ist ein Geschenk der Natur an die Welt.

Mit sportlicher Eleganz sprang sie die Treppen hoch zum Tanzstudio, warf ihre Lederjacke auf einen Stuhl in der Ecke, zeigte mir rasch erste Tanzschritte und schon erklang Musik. Laura ergriff meine Hand und überwand meine anfängliche Schüchternheit, indem sie sich an mich schmiegte mit der Bemerkung: im Tango müsse der Mann von der Frau Besitz ergreifen, doch sollte er ihr gleichzeitig Freiheiten lassen, Momente im Tanz anbieten, in denen sie sich entfalten kann. Sie erklärte den synkopisch verzögerten

Rhythmus, der es dem Mann erlaubt, die Fliehkraft seiner Partnerin rechtzeitig abzufangen und damit die einzigartige Spannung im Tango zwischen Kontrolle und Enthemmung zu entwickeln. Sie erklärte in den Tanzpausen mehrfach die Drehbewegungen, Richtungswechsel, Schrittfolgen, schnelle Kopfdrehungen, Sichelschritte zwischen die Beine des Partners und nach den vielen Unterweisungen zog sie es vor, anstatt mich weiter zu korrigieren, einfach sich selber dem Tanz hinzugeben. Sie wandelte sich rasch in eine ekstatisch wirbelnde Tänzerin und zwang mich, in eine Partnerrolle hinein zu wachsen, ohne über meine Anfängerschwierigkeiten nachdenken zu müssen. Sie bog ihren Körper, drehte sich rasch, das Haar fiel nach hinten, sie senkte den Kopf und bot den Hals dem Vampir zum Biss. Diese Frau war eine einzige Versuchung. Ich erinnerte mich an die Bemerkung von Bernhard Shaw über den Tango, er sei der vertikale Ausdruck eines horizontalen Verlangens. Doch schnell verschwand diese Illusion, als Laura sich von der tanzenden Versuchung in die Tanzlehrerin zurück verwandelte und der Tanz abrupt durch kühle technische Anmerkungen beendet wurde. Die Unterrichtsstunde war vorüber und als wir gemeinsam hinausgingen überlegte ich, ob ich sie zum Essen einladen und den Abend gemeinsam ausklingen lassen könnte. Doch ein junger Mann wartete im Foyer, schön wie der David von Michelangelo. Laura flog ihrem Freund um den Hals: „Ich habe eingekauft," verkündete er seiner Laura, "lass uns rasch nach Hause fahren".

Beide grüßten lachend vom Motorrad.

Traurige Gedanken, die man hätte tanzen können.

# Genuss

## BIFE!

Sehr früh am Morgen fuhren wir auf dem Weg zum Flughafen Ezeiza Buenos Aires an den Schlachthöfen vorbei, an etwa 400 LKWs, beladen mit Rindern aus der Pampa, einer Kolonne von etwa sechs Kilometern. Eine Tagesration! Denn der Fleischkonsum der Argentinier ist enorm: 70 Kg pro Kopf im Jahr.

Am Vortag besuchte ich aus reiner Neugier eine Landwirtschaftsmesse, auf der auch Zuchtbullen ihren Besitzer wechselten. Man sagte mir, um Argentinien zu verstehen, müsse man den Viehmarkt gesehen haben. Die Bullen wurden einzeln am Nasenring durch eine Arena geführt, überraschend war die Vielfalt der Rassen, vom dynamisch, athletisch anmutenden Tier bis zum tonnenschweren Fleischkoloss auf kurzen Beinen.

Anschließend konnte man diese Protagonisten argentinischen Stolzes in ihren Boxen aus der Nähe in Augenschein nehmen. Prächtig gekleidete Züchter untersuchten sorgfältig alle Tierdetails. Der Zuchtbulle war sich seiner Sehenswürdigkeit bewusst, als sich eine elegante junge Rinderbaronin mit schwarzem Gaucho-Hut an ihm herunter beugte, um mit Kennerblick und professioneller Handtastung die Qualität der schwer hängenden Hoden zu prüfen.

Das Fleisch ist ein wichtiger Teil der Identität Argentiniens und das Steak immer noch ein „argentinisches Wunder." In Buenos Aires kann man praktisch irgendein Restaurant betreten und wird immer eine gute Fleischqualität erwarten können. Das Steak ist ein Bestandteil täglicher Ernährung.

Zwischen den Anden im Westen und dem Atlantik im Osten wachsen die Tiere in der Pampa, diesem Meer aus Gras, unter denkbar besten Bedingungen und ohne künstliche Futtermittel schlachtreif heran. Auf einer Fläche, so groß wie die deutschsprachigen Länder Europas zusammen, weiden ca. 50 Millionen Rinder auf riesigen Estancias, den Rinderfarmen, die man am besten mit dem Flugzeug erreicht.

Noch in der ersten Hälfte des 20.Jahrhunderts war es einem Reisenden erlaubt in der Pampa eine Kuh zu erschießen, um sich für eine Mahlzeit ein Stück Fleisch herauszuschneiden. Nur die Haut musste man dem Besitzer lassen. Wenn zu dieser Zeit große Herden von den Gauchos über die Pampa zu den Schlachthöfen getrieben wurden und bei einer längeren Rast kein Baum zur Verfügung stand, wurde eine Kuh erschossen, um an ihren Hörnern die Zügel der Pferde zu befestigen. Es war die Zeit großer Dekadenz, als Rinderbarone mit ihren Familien und Freunden – und eigener Kuh für die notwendige Morgenmilch – nach Europa reisten, um etwa in Paris Exzesse des Reichtums auszuleben, um zum Baden einen Brunnen mit Champagner zu füllen oder um das überfüllte Moulin Rouge spontan für ein paar Tage anzumieten, alle Gäste rauszuschmeißen und die Privatshows zu genießen. Argentinien war zu dieser Zeit ein Ort übermütigen Reichtums. Einige Straßenzüge in Buenos Aires tragen die Namen dieser Familien.

Die laute Dekadenz ging vorüber, geblieben ist das argentinische Wunder "Bife de Chorizo", groß, zart und saftig, innen marmoriert. Es heißt, die Seele des Steaks liege in seinen Fettadern, die sich durch die Muskelmasse ziehen. Dort ist der Geschmack verborgen! Sein großer Bruder, das Edelfilet Bife de Lomo oder gar die noch exklusivere Variante – das Ojo de Bife – eine Art Filet vom Filet, so zart, dass man es mit dem Löffel zerlegen könnte, mag hochwertiger sein, doch der Geschmackskönig ist ein Bife de Chorizo. Es ist eine Mahlzeit, die man täglich essen kann, ohne ihrer überdrüssig zu werden. Fleisch isst man üblicherweise in einer Parilla, einem Grillrestaurant, einem Tempel des Fleischgenusses. Eine Parilla empfängt den eintretenden Gast mit einem unwiderstehlichen Steakduft frischer Röstaromen.

Das Ambiente ist überraschend kühl und meist in etwas zu helles Neonlicht getaucht – man liebt es, genau zu sehen, was auf den Teller kommt. Blütenweiß eingedeckte Tische für zwei bis vier Personen, Gläser, ein Brötchenkorb und Besteck liegen bereit, laden ein zu einem Geschmacksabenteuer, das auch beim xten Male ein Erlebnis bleibt. Ältere Herren in weißen Arbeitsjackets und mit pomadisiertem Haar bedienen still und präzise.

Sie haben über viele Jahre tausendfach weltbestes Fleisch serviert, und doch ist jede Bestellung ein besonderes, einzigartiges Ereignis. Höflich wird nach dem Wunsch des Gastes gefragt, so, als gäbe es eine Alternative zum Steak. Und, als hätte man überraschend das Allerbeste ausgewählt, deutet das anerkennende Kopfnicken an, dass man die Spezialität des Hauses mit Kennerblick erkannt hat. Die Bestellung und die gewünschte Grilldauer werden wiederholt und des Kellners Stimme klingt so, als hätte man einen Preis gewonnen und die beste aller Entscheidungen getroffen.

Dem Grillmeister steht ein Grill enormen Ausmaßes zur Verfügung, bereit, die täglichen Berge von Fleisch zu verarbeiten. Die Wandlung vom rohen Fleisch zur gegrillten Speise ist kurz und intensiv, eine rituelle Handlung. Unter dem Rost hat der Grillmeister bereits die glühende Holzkohle auf verschiedene Klima- bzw. Hitzezonen verteilt. Nicht irgendeine Holzkohle wird verwendet: in Parillas glüht Quebracho-Holz, ohne Funkenflug und Rauch, dafür mit langer Brenndauer und sehr hohen Temperaturen.

Kurz wird das Fleisch zunächst von beiden Seiten der größtmöglichen Hitze ausgesetzt, im Inneren platzen die Fettadern auf und rundherum bildet sich, unter Zischen und Prasseln eine knusprige Kruste als Schutzschicht, um den Saft im Inneren zu halten. Fett tropft in die Holzkohle und lässt helle Flammen zucken, sie tanzen unter dem Fleisch, ohne es zu verbrennen, es bilden sich feine Duft-Rauchwolken, die verlockend durch den Raum streifen. Danach kommt das Fleisch in den Bereich milderer Hitze, um sich dem vereinbarten Garungsgrad zu nähern.

Nun liegt es vor dem Gast auf dem Teller und ist eine Attraktion für alle Sinne. Daneben, in schwarz-roter Farbe, ein Glas Malbec, fruchtig, mit einem würzigen Unterton. Ein Bife de Chorizo ist einfach und präzise, kaum Gewürze, höchstens etwas Salz und Pfeffer. Überall kommt es in guter Qualität solo auf den Teller, selbst in kleineren Restaurants kann Bife zum Erlebnis werden. Als Beilage wird allenfalls eine Handvoll frittierter Kartoffeln akzeptiert und etwas Salat: Tomaten, Zwiebeln, grüner Salat und eine kleine Schale Chimichurri, einer selbstgemachten Kräutersoße aus Petersilie, Thymian, Oregano, Knoblauch und Zwiebeln.

Der Star bleibt das Bife. Der bewundernde Blick gleitet über die leicht glänzend mahagonifarbene Kruste, und es beginnt zunächst ein olfaktorisches Zwiegespräch. Der Duft ist würzig verheißungsvoll, leicht nussigfruchtig, einen Hauch schwarzer Schokolade ahnt man im Hintergrund. Das geschärfte Messer gleitet ohne Widerstand durch dieses Wunderwerk der Natur, öffnet das von diesem dunklen Schutzmantel umrahmte rosa-saftige Innere. Der erste Biss ist sanft, genießerisch langsam, die Erfüllung einer Erwartung. Die Verbindung von saftigem Fleisch und scharf angebratener Kruste schafft gemeinsam mit dem dunkelroten Malbec im Glase, dessen Aromen an reife Pflaumen, Kirschen und dunkle Schokolade erinnern, eine langanhaltende Praline im Mund, an die man sich in ihrer Vollendung noch lange erinnern wird. – Jeder Gast wird zu seinem eigenen Geschmackskünstler.

Der argentinische Tango beklagt unerfüllte Sehnsüchte, bei einem Bife de Chorizo auf dem Teller werden Sehnsüchte gestillt.

Diese heilige Handlung wird durch einen typisch argentinischen Nachtisch abgerundet: queso con dulce de membrillo – eine Scheibe Frischkäse mit süßem Quittenbrot, dazu einem Espresso und der nächste Tag kann gerne kommen.

## Steak am Flughafen

Der Faszination des Steakessens erlegen beschloss unser Ensemble vor dem Abflug in Buenos Aires sich letztmalig ein richtig großes Steak zu gönnen. Der lokale Flughafen von Buenos Aires „Aeroparque" liegt fast im Stadtzentrum und die nächste Parilla etwa zehn Minuten mit dem Taxi entfernt. Wir checkten unser Gepäck ein, stiegen in zwei Taxis und ließen uns an den heiligen Ort der Fleischbegierde fahren. Aus irgendeinem unerklärlichen Grund verzögerte sich die Zubereitung der sechs Steaks ungewöhnlich lange, und es wurde zeitlich eng mit der Rückfahrt zum Flugplatz. Als die Steaks endlich serviert wurden, hatten wir maximal zehn Minuten zum Essen. Immer wieder schaute man unruhig auf die Uhr, und hastig musste nun das viel zu große Steak hinunterge-schlungen werden. Es wollte sich keine Fleischeuphorie einstellen, es war kein Vergnügen, vielmehr harte Arbeit. Wir hatten nur noch 20 Minuten bis zum Abflug und stürmten nach dem viel zu schnel-len Essen hinaus. Anstatt rasch zum Flughafen zu gelangen, wurden wir von einem kilometerlangen Verkehrsstau empfangen. Irgendwie fanden sich zwei freie Taxis, und ich erklärte den Fahrern unsere prekäre Situation. Es handelte sich um eine sechsspurige Schnell-straße. Kurzentschlossen wechselten die Taxifahrer auf die Gegen-fahrbahn und fuhren blinkend und hupend als Geisterfahrer mit Höchstgeschwindigkeit, auf die Flexibilität argentinischer Autofah-rer vertrauend, zum Flughafen. Wenige Sekunden, bevor das Gate geschlossen werden sollte, erreichten wir atemlos den Flieger. Fazit: Für ein Steak muss man sich Zeit nehmen, es ist kein Fastfood.

# San Juan

Dieser Ort liegt ganz im Westen des Landes, nahe den Anden in einer trockenen Gegend. Der Touristenverband wirbt mit dem Spruch „San Juan, wo immer die Sonne scheint." Die karge Land-schaft wurde durch ein kluges Bewässerungssystem urbar gemacht, und die Region um San Juan wurde zu einem wichtigen Zentrum für Gemüse- und Weinanbau. Größere Straßen in und um San

Juan werden durch riesige, schattenspendende Eukalyptusbäume gesäumt, deren feinwürziger Duft die Luft erfüllt.

Die Berge der Umgebung sind nackt und bloß, ohne Baumbewuchs. Keine Vegetation bedeckt ihre ungewöhnliche malerische Farbenpracht. Die Steinschichten bieten ein Farbenspiel mit klaren Formen. Hier eine gelbliche Gesteinsformation, die einen rötlich schimmernden Felsen sauber diagonal zerschneidet, dort ein grünlicher Streifen, parallel zum roten. Das Spiel der Farben ist von beeindruckender Leuchtkraft im Licht der untergehenden Sonne. Dann erglühen die Berge von innen. Es ist ein geologisch junges Gebirge, das Gestein ist locker-brüchig, und es lädt nicht dazu ein, einen dieser Berge zu besteigen. Mehrere erloschene Vulkane sind ein Hinweis auf andauernde Erdaktivitäten: heiße Wasserquellen und in der Vergangenheit große Erdbeben deuten darauf hin.

1944, von einem Erdbeben völlig zerstört, wurde San Juan neu errichtet: erdbebensicher, mit moderner Architektur, die Häuser nicht zu hoch und, wie die meisten Provinzstädte des Landes, eingeteilt in Planquadrate. Von einem Block zum nächsten sind es immer circa 100 Meter, was den Vorteil hat, dass man Wegstrecken leicht abschätzen kann.

Den Konzertsaal, das „Auditorio", weihte 1970 ein visionärer Gouverneur ein. Dieser Saal ist nicht nur einzigartig in Argentinien sondern auch über die Landesgrenzen hinaus berühmt: San Juan hat mit diesem Auditorio – neben dem „Teatro Colon" in Buenos Aires – den akustisch besten Konzertsaal des Landes. Die einfache Form ist immer noch das beste akustische Konzept: ein rechteckiger Raum, wie ein Schuhkarton aus Holz, für circa 1.000 Zuhörer. Man hatte bei der Planung verstanden, dass ein Konzertsaal ein Resonanzraum, gleich einem Musikinstrument ist und keinesfalls ein Mehrzwecksaal sein darf, dessen Proportionen beliebig veränderbar sind. Die allermeisten neueren Konzertsäle leiden unter diesem fundamentalen Missverständnis der Multifunktionalität, ihre Reflexionen des Schalls sind meist ordentlich, ähnlich klar wie bei einer Stereoanlage daheim, doch es mangelt fast allen an Resonanz.

Man baute in diesen Saal eine prächtige Walckerorgel aus Ludwigsburg ein, gründete ein Sinfonieorchester und bot den Orchestermusikern die gleichen Gehälter wie in Buenos Aires und im Nu hatte man eines der besten Orchester des Landes. Eine lebendige Musikfakultät an der Universität kam hinzu, und ein munter sprudelndes Kulturleben entstand in San Juan, weil einst ein mutiger Gouverneur auf der Realisierung seiner Träume bestanden hat.

Ein Projekt „Wüstenblume".

# Peinlichkeit – das Interview

„Maestro, Maestro", Carlos, der Orchesterwart, rannte hinter mir her. Die Probe mit dem Sinfonieorchester von San Juan war zu Ende, die Noten zur 9. Sinfonie von Beethoven lagen auf den Pulten der Musiker, und ich ging nachgrübelnd von der großzügigen Bühne zum engen Künstlerzimmer, irgendwie unzufrieden und doch auch euphorisiert. Die „Neunte" ist für alle Mitwirkenden immer eine große Sache. Weltweit. In Japan ganz besonders: dort wird sie von zehntausenden in Stadien gesungen. Hier im argentinischen San Juan nicht mit zehntausend, doch mit zwei sehr guten Chören, besten Solisten und einem tollen Sinfonieorchester im besten Saal des Landes.

Diese Sinfonie ist ein Kultwerk der Musikgeschichte, aber ich hatte immer Probleme mit dem Schlusssatz und seinen Proportionen. Wie man weiß, hatte Beethoven bereits nach der Uraufführung darüber nachgedacht, ein rein instrumentales Finale zu schreiben. Ich bin damit groß geworden, es wurde ein Teil meiner Konditionierung im Hinblick auf Musik und sollte sich dadurch jeglicher Kritik entziehen: Zuerst sangen es die Eltern jedes Jahr zu Silvester in der Hamburger Musikhalle, später sang ich es mit ihnen und noch später spielte ich im Orchester mit und noch viel später dirigierte ich die Neunte. Ich kenne also alle Positionen, alle Blickrichtungen und Befindlichkeiten.

Der zweite Satz ist von meisterhafter Stringenz – hinreißend, großartig und auf ewig frisch; der langsame dritte Satz mit seinen brucknerschen Längen, berührt die Seele. Der erste Satz beginnt wie ein Vulkanausbruch. Das gesamte Werk ist ein klingendes Naturereignis jenseits von Gut und Böse. Irgendwann kam mir der Gedanke, dass so etwas nur komponieren kann, wer der Welt durch Taubheit abhandengekommen ist.

Große Künstler hatten oft strenge Väter. Mozarts Vater dressierte seinen Sohn Wolfgang Amadeus wie ein Zirkusäffchen, zog ihm ein glitzerndes Jäckchen an und reiste von Fürstenhof zu Fürstenhof, um gegen hohe Gagen seinen Sohn vorzuführen. Es war Kinderarbeit. Beethovens Vater war Alkoholiker, er scheuchte seinen Sohn als kleines Kind nachts aus dem Bett, damit er Vater Johanns Saufkumpanen vorspielen möge. Auch Ludwig wurde früh zu musikalischen Spitzenleistungen dressiert; der Vater wollte aus ihm ein Wunderkind wie Mozart machen. Beiden Vätern hätte man heute möglicherweise das Sorgerecht entzogen. Dann allerdings gäbe es weder Mozarts Zauberflöte, noch die neunte Sinfonie von Beethoven.

Wir hätten einen Großteil der Musikkultur nicht, wir hätten auch nicht die großen Konzerthäuser, die zu Aufführungen großartiger Visionen notwendig wurden. Was sollen wir unseren Musikpädagogen raten?

Beethoven, der die Uraufführung seiner neunten Sinfonie trotz Ertaubung selbst dirigierte, stand, wie damals üblich, mit dem Gesicht zum Publikum und merkte nicht, dass das Stück bereits fertig war, er dirigierte einfach ein paar Takte weiter und stoppte erst, als sich das Publikum zum Beifall erhob.

Ich hing meinen Gedanken um diese seltsame und doch berühmteste aller klassischen Sinfonien nach und ging gedankenverloren durch das unterirdische Labyrinth der Hinterbühne.

„Por vavor, Entschuldigung Maestro, ein wichtiger Radiosender möchte mit Ihnen im Büro ein Interview führen". Ich legte meine

Partitur ins Künstlerzimmer und folgte Carlos ins Orchesterbüro. Auf dem Weg dachte ich für einen Moment, ob ich vielleicht dem Journalisten etwas über diese Hintergründe verraten sollte.

Das Orchesterbüro war ein kleiner, etwas dunkler Raum mit Aktenschränken, Probenplänen und vielen Kopien auf den Stühlen, in der Mitte stand ein mit Noten vollbepackter Tisch, durch das Fenster fiel der Blick auf eine Allee riesiger Eukalyptusbäume, die in dieser Gegend die Luft mit sanftzartem Würzduft erfüllen. An den Bürowänden hingen dicht an dicht Plakate der letzten Jahre. Hier eine schöne, leider schwach begabte Sängerin, die vor Jahren mit dem Orchester gesungen hatte und die Wand jetzt nur noch zierte, weil sie ein wenig wie Marilyn Monroe aussah, dort das Konterfei eines jungen argentinischen Dirigenten, der sich besonders schön fand und mit der Strenge eines Aristokraten aus dem 18.Jahrhundert von der Plakatwand herunter blickte. Drei Mitarbeiter sorgen hier für reibungslose Organisation, Einsatzpläne, Kommunikation mit den Medien. Es gab in der Provinzhauptstadt San Juan alleine 18 Privatsender, von denen einige regelmäßig über Veranstaltungen berichten und die immer vor den Konzerten mit Sonderinformationen versorgt werden wollen.

Ich schaute mich um, im Büro saß kein Redakteur. "Maestro, warten Sie einen Moment, man wird gleich telefonieren. Der Journalist ist berühmt und er wird Sie für seine Sendung interviewen. Das wird viel Publikum für unser Konzert bringen. Sicher. Er spricht allerdings nur Spanisch." Ich war konsterniert: ein telefonisches Interview auf Spanisch? Mir wurde mit einem Mal heiß in diesem Raum, denn mein Spanisch reichte für die Kommunikation mit dem Orchester und für gute Freunde, wir konnten uns Witze erzählen und ich konnte mit meinem damals begrenzten Sprachschatz etwas zu essen und trinken bestellen, brauchte also nicht zu verhungern. Nur, in solchen Momenten ist man Aug' in Aug', man spricht mit einem Gegenüber und ein zu schnell gesprochenes Wort wird durch die Körpersprache oft ergänzt. Auch wenn ich mit guten Freunden aus Russland oder der Mongolei zusammensitze, verstehe ich nicht die Details, dennoch zumeist recht bald, worum es geht.

Es war jetzt nicht mehr viel Zeit, darüber nachzudenken.

Das Telefon klingelte, der Büromanager reichte mir mit aufmunterndem Lächeln den Hörer und am anderen Ende redete eine energische männliche Stimme auf Spanisch im raschen Stakkato auf mich ein. Das Telefon rauschte, ich verstand nur Wortfetzen, nicht einmal die Hälfte. „Disculpe señor, bitte wiederholen sie Ihre Frage, es wäre angenehm, wenn wir unser Interview in einem einfachen und langsamen Spanisch führen könnten." Er gab sich Mühe langsam zu sprechen und erklärte: „W i r  b e f i n d e n  u n s  i n  e i n e r  Livesendung des größten Radiosenders und i c h  m ö c h t e  e t w a s  über ihr Konzert am nächsten Freitag erfragen – w i r  h a b e n  j e t z t  nocheinenMusiktitelundannsindSiedran. BleibenSiebitteamTelefon."

Irgendwie war es immer noch zu heiß in diesem Büro. Die drei Mitarbeiter lächelten weiterhin aufmunternd und boten einen Schnellkaffee an. „Milch und Zucker?" Ich nickte schwach und versuchte mich verzweifelt an Vokabeln zu erinnern, die irgendwie zu Beethoven passen. Und wie in einer Prüfung vergaß ich die einfachsten Dinge. Ich hatte den Kaffee noch nicht berührt, stattdessen sammelte ich meine spanischen Vokabelreste zusammen. Noch einen Musiktitel und dann…

Ich überlegte: wie heißt denn nochmal „ein bedeutendes Musikwerk"– ach ja, una importante obra musical, oder: „Ein unsterblicher Text von Schiller"—hmmm…  un texto inmortal de Schiller. Es klappt, es wird klappen, redete ich mir ein. Ich war angespannt, jedoch nun ein wenig zuversichtlicher und nahm einen Schluck süßen Instantkaffees. Der Redakteur meldete sich wieder: „Nur noch 20 Sekunden Musik, dann geht's los." Ich wiederholte meine Bitte um eine langsame Sprache mit einfachen Worten, vielleicht hatte er still vor dem Mikrophon genickt, er antwortete nicht mehr sondern begrüßte seine Hörer nach dem Ende des Popsongs in langsamer und ruhiger Sprache:

„L i e b e r  H ö r e r, ich spreche jetzt m i t  e i n e m  b e r ü h m -
t e n  D i r i g e n t e n  aus Deutschland, e r  w i r d  a m kommenden
Freitag „Die Neunte" v o n  B e e t h o v e n  in San Juan dirigieren." Ich war ein wenig erleichtert, ich konnte alles verstehen. Ich
legte mir meine Vokabeln zurecht und probte stumm während der
Anmoderation meine geplante Antwort „ein bedeutendes Musikwerk"- ach ja, una importante obra musical, oder: Ein unsterblicher
Text von Schiller—hmmm  un texto inmortal de Schiller.

Er begann sein Interview:

„Maestro, diese berühmte Sinfonie ist ein bedeutendes Musikwerk mit einem unsterblichen Text von Schiller...." Das war doch
mein Satz, er hatte mir bereits meine Antwort genommen. Er redete
schneller, ich versuchte angestrengt zu folgen und verlor den Faden.
Nach der Sendung erfuhr ich, dass er mich gefragt hatte, was diese
Sinfonie uns heute noch zu sagen hätte, was die Message sei. Ich
hatte anderes verstanden und geantwortet: „San Juan ist eine schöne
Stadt mit talentierten Musikern. Ich war schon öfter hier und freue
mich auf das Konzert und viele weitere Konzerte." Der Redakteur
schwieg irritiert, quälend lang, als warte er noch auf eine Erkenntnis
stiftende Antwort. Es lag ein Fragezeichen in der Luft. Das Telefon
rauschte. Einige Orchestermusiker hörten dieses Radiointerview
auf ihrem Heimweg von unserer gemeinsamen Probe im Autora-
dio und amüsierten sich köstlich, wie ihr Dirigent soeben gegrillt
wurde. Am nächsten Tag klärten sie mich lachend auf, welche Ant-
worten ich auf welche Fragen gegeben hatte. Immer hart am Ball
und immer haarscharf daneben. Ich meinte, in ihrem Lachen den
Klang von Schadenfreude gehört zu haben.

Der Radio-Journalist versuchte es nochmals und dieses Mal rat-
terte er los, denn er suchte wohl die baldige Erlösung von diesem
Interview-Partner „*++++***++~~=)(/(&%%$§ ?"

„si, si, wir arbeiten hart und es wird ein großartiges Konzert,"
antwortete ich. – ???

Nun suchte er bereits eine Entscheidung, wurde rücksichtslos
und knatterte wie eine Kalaschnikov.....

„Ja, vielen Dank, ich fühle mich hier sehr wohl, nette Leute und die Sonne scheint."

„Muchas gracias, Maestro für die Informationen. Liebe Hörer, am nächsten Freitag gibt es ein schönes Konzert, Tickets kosten XX, für Senioren xx und für Schüler + +."

Ich legte auf, mir war etwas elend und ich trank den inzwischen kalten Kaffee. Noch eine Weile blieb ich in diesem übervollen Büro, zarter Duft der Eukalyptusbäume drang durchs halbgeöffnete Fenster, vom Plakat an der Wand lächelte tapfer eine Sängerin, die aussah wie die Monroe.

# Ein kleiner schwarzer Kasten

Argentinien ging es immer gut, wenn es dem Rest der Welt schlecht ging und zigtausend Tonnen Fleisch in die Welt verkauft werden konnten. Nach den beiden Weltkriegen hat Argentinien die Welt mit Fleisch beliefert. Es war die Zeit der Rinderbarone, der argentinischen Araber. In einer dieser Phasen wurde in San Juan nicht nur der großartige Konzertsaal errichtet, sondern – durch die Gründung eines Orchesters – auch das kulturelle Leben der Stadt neu entwickelt. Auf das ökonomische Hoch folgte die Katerstimmung einer Rezession, an Neuinvestitionen im Musikbereich war für viele Jahre nicht zu denken. Ein Zufall wollte es, dass ich 1991 erstmals nach San Juan kam, als das Land immer noch unter schweren sozialen Spannungen zu leiden hatte.

Ich wunderte mich, dass die tolle Akustik des Auditoriums nicht öfter für Aufnahmen benutzt wurde. Die Digitalisierung war auf dem Wege, sich in der Musikbranche durchzusetzen. Man könnte auch hier viele schöne Dinge produzieren oder produzieren lassen.

Durchaus verlegen zeigte man mir dann auf meine Nachfrage hin die Aufnahmeregie des Konzerthauses: Diese war großzügig ausgestattet, allerdings mit inzwischen völlig veraltetem technischen Gerät.

Ich beschloss, bei meiner nächsten Reise ein digitales Aufnahmegerät als Spende mitzubringen, was mir bereits im darauffolgenden Jahr gelang. Damals gab es noch das Goethe Institut in San Juan und deren Leiterin stand mir stets mit hilfreichen Ratschlägen zur Seite. Sie riet mir, als ich sie um Rat nach einer geeigneten Form einer offiziellen Übergabe fragte, größtmögliche Öffentlichkeit herzustellen. Argentinier würden die große Geste mehr schätzen als den bescheidenen Auftritt. Auch bestünde die Gefahr, dass das Gerät ohne offizielle Übergabe nicht recht gewürdigt würde und vielleicht gar verschwände. Das Orchester sei offiziell Teil der Musikfakultät der Universität, also: Übergabe an deren Rektor, inklusive Stellvertreter und Mitarbeiter des Senats und der Administration, dazu eine große Pressekonferenz, das volle Programm!

Im Konferenzraum stand ein raumgreifender Tisch, für die vielen wichtigen Konferenzen des Rektorats. In der Tischmitte lag nun der schwarze Aufnahmekasten in Aktenkoffergröße. Es war eines der besten Geräte auf dem Markt und, wie sich anschließend herausstellte, das erste und einzige digitale Aufnahmegerät in ganz Argentinien! Der Rektor, der als Musikfreund immer seine schützende Hand über das Orchester hielt, begrüßte die Anwesenden freundlich, feierlich. Nach einigen launigen Worten wurde der Tisch von den Presseleuten umringt, die das kleine Gerät von allen Seiten fotografierten, als wäre es von einem anderen Stern. Die Bilder gingen durch die Zeitungen und das Abendprogramm des lokalen Fernsehens. Das Orchester von San Juan hatte nun nicht nur den besten Saal des Landes, sondern auch das beste Aufnahmesystem. Die Leiterin des Goethe-Instituts hatte recht gehabt. Die Übergabe wurde öffentlich, bald hörte die Regierung in Buenos Aires davon, und das Orchester von San Juan erhielt den patriotischen Auftrag der Zentralregierung, die argentinische Nationalhymne aufzunehmen und Kassetten-Kopien für sämtliche Schulklassen des Landes zu fertigen. Ein kleiner schwarzer Kasten mit relativ großer Wirkung.

# Das Orchester

Ein besonders schöner Zielort in den Vor-Anden ist Barreal, etwa vier Stunden Busfahrt von San Juan entfernt, auf einem Hochplateau gelegen, eine fruchtbare Oase mit atemberaubendem Paroramablick auf die 6.000 Meter hohen Gipfel der Anden. Ich lernte diesen Ort erstmals durch eine Besonderheit des Orchesters von San Juan kennen. Da das Sinfonieorchester der Universität angegliedert ist, gelten für die Musiker auch die Regeln, Pflichten und Privilegien der Uni Professoren. Unter anderem kann man einige Tage im Monat für private Belange freinehmen, für den Zahnarzt oder für den Besuch der Oma. Im Vorlesungsbetrieb einer Universität lässt sich so eine Regelung rasch kommunizieren. Doch in einem Orchesterprojekt, mit notwendigen Proben für ein komplettes Ensemble, hat man als Dirigent zu dieser sozialen Errungenschaft eine etwas andere Haltung. Für die Orchesterproben kann es bedeuten: Am Montag fehlt das erste Horn und ein Cello, am Dienstag sind beide wieder da, dafür fehlt eine Flöte und eine Geige.

Der starke Zonda-Wind, eine Art Anden-Föhn, ist ein starker, trockenheißer Wind, der aus Chile über die Anden weht. Der Luftdruck sinkt und im Anschluss folgen kühle arktische Winde aus Patagonien. Zonda sorgt für niedrigen Blutdruck und allgemeines Schlecht-Wetter-Gefühl und bietet jede Menge Gründe dafür, dass das Orchester selten vollständig ist. Spätestens bei der letzten Probe sind meist alle anwesend und im Konzert wachsen dann alle über sich hinaus.

Die Orchestermusiker in San Juan sind darüber hinaus auch gerne und jederzeit streikbereit, um ihren völlig berechtigten Anliegen Nachdruck zu verleihen. Ein weiteres Planungsrisiko ist die Vielzahl von Feiertagen, die ab und zu bei der Planung übersehen werden können. Die Miete von Leihmaterial wird meist durch illegales Kopieren umgangen, zahllose Konflikte mit Verlagen und Programmänderungen sind die Folgen. Diese vielfarbigen Arbeits-

grundlagen erfordern vom dirigierenden Gast ein hohes Maß an
Flexibilität, Langmut und ein stabiles Nervenkostüm – und unbedingt einen Plan B. – Und einen Plan C. Plan B und C verschaffen
Sicherheit und Gelassenheit und vermeiden den Grenzübertritt
zum sicheren Wahnsinn.

# Plan B

Die Abendmaschine aus Buenos Aires erreichte San Juan nach zwei
Stunden Flugzeit. Ich hatte bereits den längsten Non-Stop-Flug der
Welt von Frankfurt nach Buenos Aires hinter mir und den spektakulären Anflug auf San Juan genossen: Die Anden erglühen in der
untergehenden Sonne, die Stadt funkelt, durch goldgelbe Straßenla-
ternen erleuchtet, als glitzerndes Diadem in der Ebene.

Mit großem Hallo empfing mich der Orchestervorstand am kleinen Provinzflugplatz. Für den nächsten Morgen war bereits die erste
Probe vorgesehen, und es gab allerlei Details zu besprechen. Auf der
Fahrt in die Innenstadt plauderten wir zunächst über die Reise, und
man fragte, ob zu Hause alle wohlauf seien. Erwartungsfroh erkun-
digte ich mich nach dem Orchester und bemerke, dass die Unterhal-
tung bei diesem Thema etwas stockte und der Fahrer zielgenau ein
kleines Bistro in der Nähe des Hotels ansteuerte. „Maestro, lass uns
doch erst einmal ein kühles Quilmes-Bier trinken und die Woche
besprechen." Ich ahnte Komplikationen.

Das Bier war angenehm kühl und nach und nach kam man
dem zentralen Anliegen näher: „Maestro, morgen, Montag, wird
gestreikt. Es gibt keine Probe", ich trank noch einen großen Schluck
und fand, dass das argentinisches Bier trinkbar sei. „Dienstag
ebenfalls, denn die gottverdammte Administration soll endlich die
Löhne anpassen." Er schlug nachdrücklich mit der flachen Hand
auf den Tisch und ich nickte zustimmend. „Wir haben dann leider

bei der Planung deines Konzerts übersehen, dass am Mittwoch ein Feiertag ist. So bleibt nur Donnerstag für eine Konzertprobe und am Freitag ist das Konzert." Ich bestellte eine zweite Flasche Quilmes und erinnerte mich an die hektischen Stunden, die man in Buenos Aires benötigt, um rechtzeitig vom internationalen zum nationalen Flugplatz zu gelangen, an die langen Staus und den Dauerlauf zum Check-In und die ewig langen Flugstunden in der engen Bretterklasse der Lufthansa – überhaupt an den gigantischen Aufwand, von Deutschland den Weg nach San Juan am Fuße der Anden zu finden. „Maestro, mit einer Probe für ein Konzert ist es nicht gut, besser ist es, wir lassen jetzt das Konzert ausfallen und verschieben es auf die nächste Woche." Ich schaute in mein Bierglas und nickte etwas gedankenverloren. Bevor ich mich einer großen Melancholie hingeben konnte, folgte rasch ein aufmunternder Vorschlag: „Mach doch einfach eine Woche Urlaub in Barreal, ein Bus geht morgen früh um sechs Uhr." Nach einer dritten Flasche Quilmes-Bier folgte ich ergeben dem Ratschlag, nächtigte einige wenige Stunden im Hotel und nahm am nächsten Tag den Morgenbus in die Berge von Barreal.

## Vertrauen – die Busfahrt

Eine sehr schmale Bergstraße führte nach Barreal: als Einbahnstraße vormittags nach oben und nachmittags hinunter. Eine Straße, wie man sie gelegentlich in TV-Dokus über halsbrecherische Andenfahrten sieht. Die Fahrbahn war so breit wie ein Auto, für einen Bus eigentlich zu schmal. Von meinem Sitzplatz am Fenster konnte ich nicht einmal die Straßenkante erkennen: Auf der einen Fahrbahnseite geht der Fels steil hinauf, und auf der anderen starrt man mit Sorge direkt in die Tiefe, etwa 400 bis 500 Meter senkrecht hinab. Unten lagen hier und da verrostete Autowracks. Der Busfahrer mochte ein erfahrener Mann sein, der diese Strecke täglich fuhr und jeden Stein kannte, doch war ich beunruhigt über das hohe Tempo auf dieser doch mehr als engen Straße, insbesondere als er anfing, sich mit einem Fahrgast in seiner Nähe zu unterhalten, Witze zu erzählen und seinem Gesprächspartner immer wieder den Kopf zu und von der Straße abwandte.

Die muntere Musik aus den Bordlautsprechern verstummte, die Cassette war zuende und musste gewechselt werden. Mit einer Hand am Lenkrad und unvermindert hohem Tempo brauste er um enge Kurven und begann mit der anderen, eine passende Cassette auszuwählen. Er tastete blind in die Ablage, schaute sich die Hülle an, legte sie wieder fort, um eine andere zu ergreifen. Eine schmale Holzbrücke musste überquert werden, das Fahrzeug passte zentimetergenau, Schritttempo wäre fast zu schnell, zumindest angemessener als seine verwegene Fahrweise. Inzwischen hatte er die neue Cassette eingelegt, während er einhändig am Abgrund entlang gesaust war und sang nun aus voller Kehle seine Lieblingssongs. Die meisten Gäste kannten offenbar den Fahrer, die Strecke und seine Lieder und schliefen sanft vor sich hin, während meine Sorge langsam dem Gefühl wich, hier einen erfahrenen Meister seines Fachs am Steuer zu erleben. Meine Verkrampfung löste sich, ich vertraute dem singenden Fahrer und begann, irgendwann auch leise mitzusummen: El condor pasa.

Barreal liegt auf 2.500 Metern und ist Ausgangspunkt für Abenteuertouren, man kann etwa mit einem Esel oder Pferd über die Anden ziehen oder mit einem Jeep am frühen Morgen auf die Pirsch gehen, um Vicunas zu beobachten, die kleinen Verwandten der Lamas.

# Leoncito

Einige Kilometer hinter Barreal, in Richtung Chile, liegt der Naturschutzpark Leoncito. Die Luft hier oben ist besonders sauber, auch gibt es nachts keinerlei Lichtverschmutzungen. Auf argentinischer und chilenischer Seite wurden deshalb Observatorien gebaut, wie etwa das weltberühmte „La Silla" auf chilenischer Seite. Der nächtliche Sternenhimmel ist eine einzige Pracht. Sternschnuppen zwingen zur dauernden Wunschbereitschaft. Wohl kaum an einem anderen Ort der Welt ist die Luft so klar und rein und erscheint die Milchstraße so greifbar nahe und zugleich so unendlich fern.

An argentinischer Seite des Naturschutzparks Leoncito sind zwei Observatorien angesiedelt. Es ist ein karger Ort exquisiter Schönheit, der im Zentrum eines jetzt ausgetrockneten Salzsees liegt. Keine Sträucher, keinerlei Vegetation, keine Hügel – einfach eine riesige weiße glatte Salzkruste vor dem Panorama des fast 7000 Meter hohen Mercedario.

An bestimmten Tagen weht hier viele Stunden lang ein kräftiger Andenwind, der von mutigen Strandseglern für spektakuläre Rennen genutzt wird. Es ist eine dieser weltweit einzigartigen Landschaften, die immer wieder für Aufsehen erregende TV-Werbespots benutzt werden. Unternehmen, wie etwa Marlboro, Honda und Renault haben Leoncito als Hintergrund für die Verführung ihrer Kunden ausgewählt.

Ohne den kräftigen Wind ist es in der Mitte des ausgetrockneten Sees still. Allerdings nicht totenstill, vielmehr ist es eine Stille, die das Herz öffnet, die die Gedanken weitet, insbesondere dann, wenn sich der prächtige Sternenhimmel bis zum Horizont ausbreitet. Man fühlt sich, als könne man diesen Ort grandioser Stille mit sich selbst füllen, mit ihm eins werden. Im mongolischen Altaigebirge wird bei einer ähnlichen Stille der Wunsch wach, mittels eines sehr tiefen Tones mit ebendieser Stille in Dialog zu treten. Hier, in unmittelbarer Nähe der Anden, wächst der Wunsch, diesen Ort einzuatmen und mit dem eigenen Atem zu füllen, ein Teil dieser Weite und Ruhe zu werden. An diesem Ort ist man dem Universum näher.

Carlos, ein alter Freund aus San Juan, holte mich Ende der Woche mit seinem Wagen ab. Er schlug vor, die Rückfahrt nach San Juan zu einer Zweitages-Exkursion zu den heißen Thermalquellen von Pismanta und zu einem Pferde-Rodeo auszubauen. Die Fahrt durch die Berge war nicht ungefährlich, und Carlos, obwohl bekennender Atheist, stoppte an einer Madonna am Wegesrand. Die Tradition will es, dass man ihr vor der Weiterreise durch die Berge eine Flasche Wasser opfert. Carlos war darauf vorbereitet und erzählte, warum er sehr bereitwillig diese Tradition akzeptiert, während er seine Wasserflasche auf dem Rücksitz suchte.

Als er nämlich vor Jahren einmal auf das Wasserritual verzichtete, stattdessen seinen Wagen nur anhielt, um etwas vom nahen Kiosk zu kaufen, sprang anschließend das Auto nicht mehr an. Es tat einfach keinen Mucks. Alles war technisch in Ordnung, doch es rührte sich nicht. Die Indios beim Kiosk winkten mit einer kleinen Plastikwasserflasche und meinten lachend, dass er etwas Wichtiges vergessen hätte: „Die Madonna ist durstig und wartet." Carlos kauft die Wasserflasche und stellt sie zur Madonna, und es war wie in einem Märchenfilm: Der Wagen sprang an und machte seither kein Problem mehr. Carlos glaubt weiterhin nicht an die Kirche – aber an die durstige Madonna.

## Warten, erwarten

Argentinien scheint ständig in Erwartung zu sein, die Menschen warten auf irgendetwas oder irgendjemand; man wartet auf Lösungen, man wartet auf jemanden, der diese Lösung bringt. Man ist als Besucher zunächst einmal überrascht von den unterschiedlichen Zeitkonzepten. Weltweit lassen sich unterschiedliche Zeitkonzepte der Kulturen erleben. In unserer westlichen Kultur kennen wir nicht das Bewusstsein für den Augenblick, für das Jetzt und Hier. Wir umschreiben die Gegenwart durch die Vergangenheit und Zukunft: „Vorhin habe ich dieses gemacht, nachher werde ich jenes machen. Folgerichtig bewegt sich westliche Musik linear vom Ausgangspunkt A immer dem Ziel B entgegen. In einigen asiatischen Kulturen zählt hingegen nur der Augenblick, der aktuelle Moment: ein Musikstück kann dann 15 Minuten oder auch drei Stunden dauern. Zwischendurch geht man hinaus und kann sicher sein, nichts verpasst zu haben.

Die Hauptstadt Buenos Aires war immer europäisch und das Zeitempfinden hier deckt sich weitestgehend mit unseren Erfahrungen. Sobald man allerdings in die Provinz kommt, begegnet man einem anderen Zeitkonzept, einer anderen Kultur des Wartens und Erwartens, je weiter von der Hauptstadt entfernt, desto weiter weg auch von deren quasi europäischem Zeitkonzept. Wenn man sich als Europäer in der argentinischen Provinz verabredet, prallen zwei Zeitvorstellungen schwerversöhnlich aufeinander.

In solchen Momenten versteht man mit einem Male, dass die Zeit die Differenz zwischen Ursache und Wirkung ist und mit unserer individuellen und subjektiven Wahrnehmung zu tun hat.

Man vereinbart einen Termin für ein Meeting, doch zur verabredeten Uhrzeit ist niemand am Treffpunkt. Für Viele ist der verabredete Zeitpunkt nicht die Zeit des Eintreffens, sondern die Zeit des Aufbruchs. Alle Beteiligten einer Verabredung schauen zur verabredeten Zeit auf ihre Uhr, und ein jeder beginnt seinen Weg zum vereinbarten Treffpunkt. Der eine beendet seinen Einkauf, geht rasch heim und setzt sich dann in den Bus, ein anderer ist noch zu Hause, muss rasch nochmals unter die Dusche. Der letzte ruft eine Stunde später an und meint, er komme etwas spät, weil er soeben einen alten Freund getroffen hätte, mit dem er noch im Bistro sitze. Man solle doch einfach schon mal anfangen.

# Das andere Zeitkonzept

Ein Asado ist eine große Grillmahlzeit im Freundes- und Familien-
kreis, eine Mahlzeit von hohem sozialen Stellenwert. Verschiedene
Fleischsorten und Innereien, meist vom Rind, doch auch Schaf,
Ziege, Schwein und Geflügel werden auf einem Holzkohlegrill
langsam durchgegart. Die Rollenverteilung ist klar: Männer schneiden und grillen das Fleisch, Frauen bereiten die Salate. Ein Asado
dauert leicht mehrere Stunden, in denen viel getrunken und sehr
viel erzählt wird.

Man versprach, mich vom Hotel gegen 17 Uhr zu einem Asado
bei Freunden in den Bergen San Juans abzuholen. Natürlich hätte
ich es besser wissen sollen: ich warte, wie vereinbart, um 17 Uhr vor
dem Hotel, man holte mich um 18 Uhr. Auf der Autofahrt wurde
sofort davon geschwärmt, dass wir auf dem Weg in die Berge auch in
die Nähe eines Grundstücks vorbeikämen, das man mir unbedingt
zeigen wolle. Auf halbem Wege bog der Wagen in eine rumpelige
Seitenstraße, und wir stoppten nach wenigen Kilometern auf einer
Anhöhe mit prächtiger Aussicht. „Lass uns etwas spazieren gehen.
Ich überlege, ob ich mein Haus hier erbauen soll", sagte Carlos. Wir
gingen etwa 30 Minuten an diesem wunderschön gelegenen Ort
herum und bestaunten die phantastische Fernsicht. „Siehst Du in
der Ferne das kleine weiße Haus? Dort wohnt eine ältere Dame und
liebe Freundin von uns. Sie webt tolle Teppiche und backt phantastische Biskuits zu ihrem erstklassigen Tee. Wir sollten sie kurz
besuchen. Sie wird sich freuen" Die Dame war charmant, der Tee
lecker, die Biskuits köstlich und die Teppiche großartig. Nach einer
Stunde anregender Gespräche brachen wir auf und kamen endlich,
gegen 20 Uhr, am Zielort, dem Asado-Treffpunkt, an. Wir waren
die ersten.

„Hola, schön dass ihr da seid. Was wollt ihr essen?" Es stellte sich
heraus, dass der Gastgeber noch nicht eingekauft hatte. Ein Asado
ist immer fleischbetont. „Das beste Fleisch hat der Schlachter im

übernächsten Dorf. Lasst uns alle rasch hinfahren, dann können wir unterwegs schon plaudern." Miguel, der Gastgeber, hatte sich kurz zuvor einen schicken amerikanischen Pickup gekauft, in den sich die Gäste und die Familie hineinzwängten. Miguel zeigte uns auf dem Weg stolz die geländegängigen Qualitäten seines neues Autos, und nach einigen Kilometern auf staubigen Landwegen erreichten wir die erwähnte Schlachterei. Eine halbe Kuh hing von der Decke, der Verkaufsraum war weiß und sauber. Freudig begrüße uns der Metzgermeister, ich wurde vorgestellt, musste aus meiner Heimat berichten und nach längeren lustigen Gesprächen, unanständigen Witzen und viel Gelächter zogen wir mit zwei Plastiktüten voll Fleisch zunächst weiter zum Gemüsehändler auf der anderen Seite des Dorfes, dann in den Nachbarort, zum Händler mit dem frischen Obst und abschließend zur Tankstelle, an der auch guter Rotwein zu erwerben war. Um 23 Uhr lag das erste Fleisch auf dem Teller. Das Asado endete in den frühen Morgenstunden. Gewohnt, als europäischer Uhrenträger, die Zeit als messbares Phänomen zu begreifen, wurde ich hier eines Besseren belehrt: Man hatte nichts verpasst, sondern viel erlebt. Viel geredet, viel Spaß gehabt, man hat gelebt. Momente voller Intensität und Schönheit. Erfüllte Augenblicke.

# Der Tod – nie wieder VERDI

Verdi ist einer meiner Lieblingsopernkomponisten, wunderbar instrumentiert, zauberhafte Ohrwürmer, am Klavier klingt seine Musik immer etwas trivial hmtata hmtata, doch mit seiner Instrumentation ist Verdi etwas Einzigartiges gelungen: jede Note steht für einen Ausdruck. Auf einer Flöte mag ein Ton tief und hohl klingen, dieselbe Tonhöhe, auf einem Horn gespielt signalisiert Höhe und Kraft, und er instrumentierte so, dass die Instrumente jeweils einen eigenen Charakter darstellen.

Verdi ist einer meiner Lieblingsopernkomponisten, dennoch werde ihn nicht mehr anrühren:

Das Konzertprogramm war klar: Ein italienisches Programm sollte es sein, mit Werken von Dallapiccola, Nono und Verdi mit seiner Ouvertüre „Die Macht des Schicksals" – ein populäres Stück zum Mitsummen. Was ich nicht wusste, der Originaltitel „La Forza del destino" darf in spanischsprachigen Ländern nicht ausgesprochen werden. Schon in der Libretto-Geschichte geht alles schief, was schief gehen kann.

Während einer Orchesterprobe sagte ich laut und deutlich an, dass wir als nächstes die Verdi Ouvertüre proben werden und nannte natürlich den Titel „la Forza del destino", den ich jedoch nicht hätte aussprechen dürfen. „Er hat es gesagt", tuschelte es durch die Orchesterreihen, „er hat den Titel genannt." Ich war mir keiner Schuld bewusst, doch die Erläuterung folgte in der Pause: Ein paar Jahre zuvor wurde diese Verdi Ouvertüre anlässlich des italienischen Feiertages für ein Konzert des Orchesters geplant, und der italienische Konsul sagte sein Kommen zu. „Bruno, wo sind die Noten des unsagbaren Stücks?" fragte der Dirigent den Bibliothekar. Dieser sagte, die Noten seien bei ihm zu Hause – diese Noten werden immer separat gelagert – sie sind gefährlich, und er würde sogleich mit seinem Motorrad losfahren, um sie zu holen. Auf dem Rückweg stürzte er, rettete dennoch die Noten und überbrachte sie dem Dirigenten, der sie, wiederum in seinen Oldtimer, einem alten DKW mit Zweitaktmotor, packte. Der Motor begann zu brennen, die Noten wurden gerettet, der Wagen brannte aus. Zwei Tage vor dem Konzert verstarb der italienische Konsul. Das Stück bringt also Unglück und selbst sehr kritische Geister, Leute, die keines Aberglaubens verdächtig sind, würden den Titel nicht zu nennen wagen. Nun also, der fremde Dirigent in der Probe hat es gewagt. Erschrocken schlugen sich einige der älteren Orchestermusiker auf den Mund: „Er hat es gesagt. Er hat das Unwort ausgesprochen!" Man erwartete jeden Tag irgendein Unglück, jedoch nichts geschah. Dann kam der Tag des Konzerts, alles war hervorragend vorbereitet, das Orchester in Bestform, siegessicher warte ich auf meinen Bühnenauftritt, das Orchester stimmt mit dem A der Oboe, und nun geht's los.

Kaum öffnete sich die Bühnentür, ging schlagartig das Licht aus, nicht nur hinter der Bühne, nicht nur auf der Bühne, nicht nur im gesamten Konzerthaus, sondern in der ganzen Stadt. Ein Blitz sei in ein Umspannwerk eingeschlagen, hieß es später. Die Stadt, der Konzertsaal blieben schwarz für eine halbe Stunde. 1.000 Zuhörer saßen im Finstern, ab und zu glühte ein Feuerzeug, und die Musiker auf der Bühne klagten: „Guiseppe, porque – warum?"

Einige Jahre später wurde mir das Dirigat für Verdis Requiem angetragen: ein gutes Orchester, zwei tolle Chöre, vier hervorragende Solisten mit internationaler Karriere. Und 15 Proben: Nie wieder wird es derart ideale Arbeitsbedingungen geben. Alles lief hervorragend – bis auf die beiden letzten Minuten des Konzerts. Die Komposition endet still und leise mit einem „Libera Me" des Chores und der Sopransolistin. Zuvor kommt es zum Höhepunkt, das Orchester reißt den Solosopran mit in die Höhe, sie hält ein hohes C aus, fasst sich an den Kopf, setzt sich unsicher auf ihren Stuhl, murmelt unkoordiniert „libera me", das Requiem hat sie zu Ende gebracht, sie steht auf, geht hinaus. Das Publikum ist entzückt, man vermutet einen dramatischen Regie-Einfall, schnell gehe ich zu ihr hinter die Bühne – was ist passiert? frage ich. Sie hält sich nur den Kopf vor Schmerzen, der Applaus muss gestoppt werden: Drei Ärzte sind im Saal, auch sie können nicht helfen, sofort wird sie ins Krankenhaus gebracht. Stunden später ist sie verstorben, ein Aneurysma, 38 Jahre alt, drei Kinder zu Hause. Einige Tage danach stehe ich in einer langen Schlange in Buenos Aires am Checkin für den Flug nach Europa, unmittelbar neben mir unterhält sich eine ältere Dame mit jemand darüber, dass ihre Schwiegertochter, die Sängerin, vor einigen Tagen praktisch auf der Bühne verstorben sei. – Ich muss mit Verdi eine Pause machen.

# Zwei Volkshelden

Der spätere Volksheld Domingo Faustino Sarmiento erblickte das Licht der Welt 1811 in San Juan. Er wurde zunächst ein argentinischer Pestalozzi und ging später in die Politik. Sarmiento wurde Botschafter seines Landes in den USA und in Abwesenheit zum Präsidenten Argentiniens gewählt, als er mit einem Schiff auf dem Weg in seine Heimat war. Schiffe aus Buenos Aires fuhren ihm entgegen, um auf hoher See die Nachricht zu überbringen, dass er am 16. August 1868 zum Präsidenten gewählt worden war. Filmreife Szenen. José de San Martín war ein Volksheld anderen Zuschnitts. Gemeinsam mit dem chilenischen General O'Higgins und dem Venezolaner Simon Bolivar befreiten sie den südamerikanischen Kontinent von der spanischen Kolonialmacht. Es begann in San Juan.

San Martin war Sohn spanischer Eltern und wurde 1778 in Argentinien geboren, wuchs in Spanien auf, durchlief eine Offizierskarriere, diente viele Jahre der spanischen Armee, bevor er im Alter von 36 Jahren nach Argentinien zurückkehrte, um dieses Land, wie auch weitere Länder Südamerikas, von der spanischen Herrschaft zu befreien. Er wurde von den Ideen der französischen Revolution geprägt und spielte eine einzigartige Rolle bei der Freilassung der Sklaven. Nachdem er Argentinien befreit hatte, stellte er in San Juan eine Revolutionsarmee unter Einbeziehung von Indianern, Schwarzen und Gauchos auf: die „Andenarmee", für den Unabhängigkeitskampf in Chile, auf der anderen Seite der Anden.

Sie mussten die Anden überqueren, vorbei an Bergen, die hier bis zu 7.000 Meter hoch sind, die niedrigste Stelle immerhin noch 4.700 Meter. 1817 überquerten 6.000 Soldaten und 1.200 Mann Hilfstruppen in einer spektakulären Aktion die Anden, um in Chile die Nachschubverbindungen der Kolonialmacht vom Norden nach Zentralchile zu unterbinden. Nicht alle Männer San Martins überlebten diese Strapazen, Schneestürme, Eis- und Steinschläge, Lawinen, Krankheiten, die Abstürze von Pferd und Reiter auf den unbefestigten Wegen. Man überquerte die Anden und erreichte endlich, wenngleich unter großen Verlusten, die pazifische Seite: San Martin marschierte mit seinen Leuten in Chile ein – welch ein Triumph! Er besiegte die Spanier und verhalf General O'Higgins, einem Nachfahren irischer Einwanderer, zur Regierungsmacht in Chile. Anschließend befreite er Peru mit Hilfe des Freiheitskämpfers Simon Bolivar, der dort die Macht übernahm und danach auch Venezuela, Kolumbien, Panama, Ecuador und Bolivien befreite. Diese drei Männer befreiten einen Kontinent! Es begann alles im kleinen San Juan. San Martin zog sich danach aus der Politik zurück, er hatte seine Arbeit getan. Dazu beunruhigte ihn die Spaltung der Gesellschaften nach deren Befreiung. Freiheit ist eine anspruchsvolle Aufgabe. Als San Martin nach und nach erblindete und seine Tochter einen französischen Arzt heiratete, zog er im Alter von 46 Jahren zu ihr nach Frankreich, wo er 1850 in Boulogne-sur-Mer im Alter von 72 Jahren starb.

Ein pralles Leben!

# San Marti – Vielleicht ein Film

Wie es ihm wohl in den 26 Jahren in Frankreich ergangen sein mag? Hat man ihm in den Bistros von Boulogne seine unglaublichen Geschichten geglaubt? Die Schilderungen von der Andenüberquerung, von den in die Abgründe stürzenden Pferden, der tödlichen Kälte, den Befreiungskämpfen? Glaubte man ihm die Beschreibung der prächtigen südamerikanischen Vegetation, der Affen und bunten Vögel mit den langen Schnäbeln in den tropischen Regenwäldern? Oder bestellte man für den blinden Fremden einfach noch einen weiteren Calvados: „Na ja, lass ihn reden, den Blinden. Er erzählt jeden Tag seltsame Sachen. He, Chloé, noch einen Calvados für unseren Alten."

Wenn ich versuche, mich in diese Geschichte hineinzuversetzen, denke ich, es wäre ein toller Einfall für eine Filmszene, wenn O'Higgins aus Chile in so einem Moment plötzlich zur Tür des Bistros hineinkäme und die Geschichten von San Martin bestätigen könnte. Einfach nur, um ihm, dem alten Mann, der einen Kontinent befreit hat, durch das Wiedererkennen seine Würde zurückzugeben. In meinem Kopf-Kino-Plot macht sich O'Higgings auf den Weg von Chile nach Irland, in die Heimat seiner Vorfahren. Durch ungünstiges Wetter wird sein Segelschiff vom Kurs abgetrieben, er verfehlt Irland, kommt in einen wilden Sturm und kentert nächtens an der französischen Küste bei Bourlogne-sur-Mer. Das wäre sogar ein guter Filmbeginn: mit Sturm, Regen etc. O'Higgins kann sich retten und völlig durchnässt wankt er erschöpft den Lichtern einer ihm unbekannten Ortschaft entgegen, in einem Bistro brennt noch Licht.

Gegenschnitt der Kamera in das verrauchte Bistro: lautes Gerede, alle sind halb betrunken, man lacht und bestellt lautstark sein nächstes Getränk, Chloè am Tresen putzt die Gläser und scherzt mit den Gästen.

Kamera draußen: Es regnet in Strömen und O'Higgins ist bereits nahe der Bistrotür und wankt dann hinein

Gegenschnitt Bistro innen: San Martin tastet sich blind, den Calvados in der Hand, in eine hintere Ecke des Bistros zurück, setzt sich auf eine Bank, enttäuscht, dass ihm, dem Helden Südamerikas, niemand mehr zuhören will.

Kamera dreht langsam zur Tür:

Die Tür geht auf und der völlig durchnässte O'Higgings steht im Eingang. Die Gespräche gehen noch einen Moment murmelnd hin und her, dann großes Verstummen im Raum.

Kamera auf San Martin:

Dieser bewegt ratlos den Kopf, warum ist es mit einem Male still? Jemand vom Tresen ergreift die Initiative, holt den Fremden herein: „Ohooo, hier kommt jemand, nass wie eine Katze. Chloé, bring doch mal von oben frische Klamotten von Pierre. Hier braucht jemand trockene Sachen, eine warme Decke – und – einen Calvados. Junge, wo kommst Du denn her, was ist Dir passiert?" Und mit den letzten Worten wird unter großem Hallo dem Fremden die Flasche und ein Glas gereicht. Dieser bedankt sich artig – auf Spanisch. San Martin zuckt zusammen: diese Stimme kennt er doch! Inzwischen werden trockene Sachen gebracht und der Fremde zieht sich im Nebenzimmer um. O'Higgins kennt einige Brocken Französisch und erklärte der versammelten Bistrogesellschaft seine Reiseerlebnisse, die Stürme um Kap Horn und schließlich den Crash hier, fast vor der Haustür. San Martin wird unruhig – diese Stimme kennt er, es kann doch nicht sein…

Der Zigarettenrauch steht dicht im Raum, und der Fremde erzählt noch weitere Geschichten, die man schon einmal ähnlich von San Martin gehört zu haben meint. Zufällig erblickt O'Higgings jetzt San Martin, in seiner Ecke sitzend und stürmt mit einem Ausruf größter Verwunderung und Freude zu seinem alten Freund, mit dem ihn so viele gemeinsame Erlebnisse verbinden. Glücklich fallen sich beide in die Arme und beginnen, von alten Zeiten zu sprechen. San Martins Geschichten sind doch alle wahr, murmelt man untereinander, und nun kann die aufkeimende Hochachtung für den alten Blinden förmlich im Raume gespürt werden.

Jetzt kommt eine Rückblende auf die Andenüberquerung, die Schneestürme und stürzenden Pferde: Ein argentinischer Breitwandfilm, denn in Argentinien ist alles größer. Allerdings würde man wohl zu viele Statisten für dieses Filmepos benötigen – also behalte ich die Geschichte lieber in meinem Kopf-Kino zurück.

## Philosophie – Dinos

Wüsten sind Orte der Inspiration, alle Weltreligionen entstanden in Wüsten. Jede Wüste hat einen eigenen Charakter, einen eigenen

Charme, wie etwa die kostbar goldglitzernde Wahiba-Wüste Omans, deren Sand aus lauter kleinen Edelsteinen zu bestehen scheint. Die Wüste Gobi beeindruckt mit ihrer kraftvoll dröhnenden Stille. Jede dieser Stein- und Sandwüsten ist eine andere Herausforderung für unsere Sinne.

Im Nordwesten Argentiniens, am Fuße der Anden, liegt das trockene Mondtal Valle de la Luna, eine tote Wüste. Auf dem Mond oder Mars könnte es so aussehen. Es ist ein Ort grandioser Trostlosigkeit und Morbidität, eine Ödnis toter Töne, ein lebloser Ort bar jeglicher Energie, hier ist selbst die Stille tot. – Und dennoch ist es ein Ort von großer Faszination. Es zog mich oft hierher, zur bizarren Schönheit der Erosionsskulpturen und Fundstätten der weltweit ältesten Saurierknochen, die auch immer wieder Wissenschaftler lockten. Die Saurier vom Valle de la Luna waren nicht sehr groß – nur etwa so groß wie Hunde, Rehe oder Kälber.

Alleine darf man diesen Naturschutzpark nicht betreten, denn einige Besucher fanden vor Jahren den Weg nicht mehr hinaus. Man chartert einen Ranger und wird von ihm im Jeep durch die Gegend gefahren. Bei einer meiner Exkursionen brachte mich dieser an eine für Besucher gesperrte Stelle, an der, entlang einer Bruchkante zwischen den Sand- und Gesteinsschichten, Millionen Jahre alte Saatkörner zu finden waren – schwarz geworden und trotzdem nicht versteinert. Ich konnte der Versuchung nicht widerstehen und in einem unbeobachteten Moment nahm ich eine kleine Handvoll dieser „Jurrasic-Park-Saat". Sie steht seither in einem Glas in der Nähe meines Schreibtisches und beflügelt meine Phantasie, doch ich zögere, sie in meinen Garten oder heimlich in den Botanischen Garten zu setzen... Der Ranger zeigte mir, wie man einen versteinerten Saurierknochen von einem gleich aussehenden kleinen Stein unterscheiden kann: mit der Zunge! Klebt das Stückchen an der Zunge, ist es ein Saurierknochen, fällt es herab, ist es ein Stein. Der versteinerte Knochen hat immer noch so viele winzige Hohlräume, dass er auf Feuchtigkeit reagiert.

Eine befreundete argentinische Paläontologin machte während ihrer Studienzeit eine einzigartige Ausgrabungserfahrung im Valle de la Luna. Ihr Professor reiste mit ihr und fünf weiteren Kommilitonen zu Grabungen in das Mondtal bei San Juan. Sie wohnten über einige Tage in Zelten in dieser gottverlassenen Gegend, sammelten und vermaßen Splitter von Saurierknochen und freuten sich über größere und kleine Exemplare. Paläontologen suchen den Dialog mit dem Nachhall einer fernen Epoche. In diesem Fall liegen 200 Millionen Jahre dazwischen. Sie imaginieren eine Welt in einer Zeitfaltung.

Was wissen wir schon über Saurier? Wir kennen durch die Proportionen der Knochen den Skelettaufbau, doch: welche Farbe hatten sie, welchen Gesang? Waren sie wirklich so braun/grau/grün gefärbt wie ein Krokodil? Vielleicht hatten sie gelbe Haut mit blauen Punkten und roten Streifen und kommunizierten mit Infraschall? Vielleicht waren sie farbenblind und brauchten keine Tarnung? Viel Raum für Spekulationen. Wir kennen den Urvogel Archeopterix, das berühmte Bindeglied zwischen Echse und Vogel. Man erkennt seine Proportionen, seine Größe und sogar die Konturen seiner Federn in der Versteinerung. Welche Farben mögen seine Federn gehabt haben, wie hat der Urvogel wohl gesungen?

In der Provinzhauptstadt San Juan waren anlässlich einer Wanderausstellung für einige Wochen Kunststoffnachbildungen im Foyer des Konzerthauses zu sehen, was mich sofort zu einer Programmidee für das Orchester inspirierte, die ich bereits mehrfach im Sauriermuseum von Ulan Bator in der Mongolei umsetzen konnte. Natürlich waren diese Riesenechsen der Ausstellung in denjenigen Farben zu sehen, die uns bislang die Filmindustrie vermittelt hat.

Doch hier nun dürfen wir im Gegenentwurf unserer Phantasie freien Lauf lassen. Wir realisierten ein Kammerkonzert inmitten der vielen Dino-Figuren und furchterregenden Tyrannosaurus-Rex–Nachbildungen und stellten uns die Frage, wie es wohl klingen würde, wenn eines der Tiere nach vielen Millionen Jahren wieder erwachte. Unter den Titeln „Erwachen", „Atem", „Kraft und Gewalt",

„Zärtlichkeit" (immerhin haben sie auch Eier gelegt…) „Geschwindigkeit" usw., suchte ich passende Kammermusik- und Solowerke aus dem Repertoire der Musiker aus. Es wurde ein unvergessliches Saurier-Konzert zwischen den lebensgroßen „Ungeheuern".

Das Grabungsteam entdeckte im Mondtal, in der Nähe seiner Zelte, eine geschützte Höhle, deren Eingang zunächst durch Geröll verschlossen war. Weder Wind noch Regen konnten eindringen. Der Professor vermutete, dass hinter diesem Steinhaufen etwas zu finden sein könnte und man räumte den Eingang zu einer Höhle frei. Paläontologen arbeiten mit großem und kleinem Gerät, zur Not mit großen Schaufeln oder mit kleinen Hämmern und Meißeln, um die letzten kleinen Verkrustungen von Fossilien abtragen zu können, auch mit Pinseln, um vorsichtig den Staub zu entfernen. Gesteinsabdrücke werden mit Hilfe eines kleinen Schleifgeräts freigelegt, mit Gips wird das Skelett eines Dinosauriers rekonstruiert. Es gibt zahlreiche einfache und komplexe Werkzeuge und zu diesem Studiengang gehört auch der praktische Umgang mit all diesen Gerätschaften.

Es war eine kleinere Höhle mit einer Decke in Kopfhöhe und im Halbdunkel des Inneren erkannte man ein komplett und perfekt erhaltenes Saurierskelett. Möglicherweise wurde das Tier in dieser Höhle vor Millionen Jahren von einem Felssturz überrascht, der Zugang war verschlossen, und so verhungerte es in der Höhle. Unberührt von Wind und Wetter lag es 200 Millionen Jahren ungestört an diesem Ort. Das Erdzeitalter des Mesozoikums zog an ihm vorbei, das Paläogen, das Neogen und Quartär, bis schließlich eine Gruppe junger, freudig erregter Studenten mit ihrem Professor die Höhle endlich öffneten. Nun lag es vor ihnen, erstmals in der Geschichte der Paläontologie: ein komplettes Skelett! Eine echte Sensation. Eine Weltsensation! Was für eine Entdeckung!!

Die Augen mussten sich erst an das Halbdunkel gewöhnen, sie blieben zunächst ehrfurchtsvoll mit einigem Abstand stehen und betrachteten diesen Gruß aus einem anderen Erdzeitalter. Bei den Vorbereitungen hat man nur an Arbeiten bei Tageslicht gedacht und nicht an Höhlenforschung – sie hatten keine Beleuchtung dabei. Etwas Tageslicht fiel durch den Eingang hinein und erhellte schwach den Raum, weich, schattenhaft. Ein Student leuchtete mit einer viel zu kleinen Schlüsselbund-Taschenlampe. Aufgeregt wurden die Werkzeugtaschen geöffnet, um das Skelett mit den notwendigen Instrumenten zu putzen. „Wir brauchen einen anderen Transporter und wir brauchen Licht" murmelte der Professor und mahnte zur Vorsicht: „Nehmt zuerst die weichen Pinsel, um den Staub zu entfernen, dann sehen wir weiter." Er öffnete seine Fototasche, um den Sensationsfund mit ersten Bildern festzuhalten und dessen „Befreiung" zu dokumentieren.

Die Studentin Lucia hatte den Pinsel ergriffen. Sie war die älteste unter den Studenten und bereit für das Privileg der Erstberührung des Skeletts nach 200 Millionen Jahren. Vorsichtig näherte sie sich der spärlich beleuchteten Knochengestalt, bereit zu einer heiligen Handlung. Es war ein intensiver Moment. Langsam, mit zärtlicher, fast scheuer Bewegung berührte Lucias Pinsel den Knochen.

Mit der ersten zarten Berührung zerfiel das Skelett still zu Staub und entwand sich dem wissenschaftlichen Zugriff, dem paläontologischen Seziertisch. Es war einfach verschwunden und statt dessen lag dort, wo eben noch eine Weltsensation war, ein Staubhaufen.

In einer Sekunde verschwand ein Zeitraum von 200 Millionen Jahren.

Ein dramatischer Moment. Die Ausgrabungsgruppe war schockiert und lange sprach niemand ein Wort. 200 Millionen Jahre in einer Sekunde vernichtet. Lucia weinte still. Es hatte noch nicht einmal für ein Foto zur Dokumentation dieses Sensationsfundes gereicht.

Nach einer Weile des Innehaltens ging man stumm hinaus, es war bereits dämmerig.

Nicht allein ein Gefühl der Enttäuschung umfasste sie, weil nun keine Weltsensation zu verkünden war, stärker durchdrungen wurden sie von einer fundamentalen Trauer, einer Trauer, die sich aus der Erkenntnis speiste, einem unwiederbringlichen Moment beigewohnt zu haben. Sie waren Zeugen einer singulären Zeiterfahrung geworden, die, wie ein Blitzschlag aus einer weit zurückliegenden Erdepoche, in das eigene Leben hineinfuhr.

Der Nachthimmel begann, sich auf seine allabendliche Sternenpracht vorzubereiten. Die Studentengruppe verzehrte schweigend ihr Nachtmahl an der Feuerstelle bei den Zelten. Still wurde die gemeinsame Suppe gegessen, bis der Professor versuchte, die rechten Worte zu finden, um das gerade eben Erlebte für seine Studenten einzuordnen. „Das war ein Moment großer emotionaler Intensität und eine Erfahrung, über die jeder von uns lange nachdenken wird, über große Themen, die Zeit und sich selber. Noch nie hat jemand so etwas erlebt".

Er machte eine Pause, um seine Gedanken zu ordnen und schaute hoch zum funkelnden Sternenhimmel.

„Zeit ist die Differenz zwischen Ursache und Wirkung", fuhr er fort, „und wenn niemand da ist, der die Differenz zwischen Ursache und Wirkung wahrnimmt, gibt es keine Zeit. Es geht letztlich um erfüllte Augenblicke – und so kann jemand im Alter von 30 Jahren schon 100 Jahre Leben gelebt haben. Auch wenn ein Baum umstürzt und niemand ist in der Nähe, der das Krachen hört, bleibt die Welt stumm. Der Schall besteht aus Wellen und erst durch einen Empfänger entsteht das Geräusch. Ein Geräusch braucht immer einen Partner, sonst gibt es kein Geräusch. Wir sind in der Lage, zu reflektieren und bewusst wahrzunehmen. Wir sind Individuen, deshalb dreht sich die Welt um uns herum und jeder Mensch ist das Zentrum seiner Welt. Unsere Erde hat etwa sieben Milliarden Menschen und somit sieben Milliarden Zentren. Auch Fliegen, Schlangen, Löwen oder Saurier sind Zentren ihrer Welt, die Umgebung nimmt jeder individuell so wahr, dass sich alles um das eigene Zentrum dreht. Wir wissen, dass sich die Erde um die Sonne dreht, doch sehen wir die Sonne auf- und untergehen. Wirklichkeit und Wahrnehmung können verschieden sein. Wir können unseren Sinnen nicht immer trauen, sie sind zu unserem Schutz limitiert und nehmen nur Ausschnitte der Realität wahr."

Er machte eine längere Pause und zeigte zum Himmel. So viele Sterne wie hier erblickt man nur in trockenen Wüsten oder hohen Bergen: bis zum Horizont war der Himmel übervoll mit Sternen besät, wie ein mit Diamanten besticktes schwarzes Tuch. „Das Universum ist für uns immer noch ein großes Rätsel, jedes Jahr stellt die Wissenschaft neue Theorien auf, doch das sind nur Versuche einer Erklärung. Geht schwimmen, dann seid ihr den Sternen näher."

Überrascht schauten die Studenten auf. „Alles Leben braucht Wasser, auch wir Menschen bestehen zu 80% aus Wasser." Er beugte sich zu einem seiner Studenten: „Hallo Wasser" und winkte ihm schmunzelnd zu. Das erste, zaghafte Lachen erlöste die Gruppe nach und nach aus der Beklemmung der letzten Stunden.

„Doch Wasser ist nicht unser Element, das Wasser gehört den Fischen, unser Element ist die Erde, wir gehen auf ihr, sie trägt uns – und erträgt uns", fügte er hinzu. „Wasser sehen wir nicht, sondern nur die Reflexion der Umgebung oder Trübungen, Wasser ist nicht unser Element, in dem wir uns normalerweise bewegen, wir können nicht lange unter Wasser schwimmen. Wenn wir uns dennoch in diesem anderen Lebensraum bewegen, also zum Beispiel im Meer schwimmen, sind wir den Naturgesetzen und damit auch den Sternen und den Gesetzen des Universums etwas näher."

Er machte erneute eine Pause, das Feuer war bereits heruntergebrannt und ein kühler Wind zog auf. „Das SaurierSkelett wurde seit 200 Millionen Jahren von keinem anderen Lebewesen erblickt, gehört, berührt, gerochen. Es war nicht existent und doch war es da." Der Professor hatte während seiner Studentenzeit im Goethe-Institut von San Juan Zugang zur deutschen Literatur und Dichtung gefunden. „ Beim deutschen Dichter Matthias Claudius heißt es in seinem Liedtext: „Seht ihr den Mond dort stehen, er ist nur halb zu sehen und ist doch rund und schön. So sind gar manche Sachen, die wir getrost belachen, weil unsere Augen sie nicht sehn". Was können wir von diesem Text lernen oder auf unsere heutige Erfahrung übertragen?" Er wartete nicht ab und fuhr fort: „Es gibt viele Erscheinungsformen derselben Sache und unser Saurierskelett sah für uns nur so aus wie ein Skelett. Durch einen großen Zufall blieb der Staub in einer Position, die dann so aussah, als wäre es ein Skelett, doch es war eine Täuschung unserer Sinne."

Der kühle Wind frischte weiter auf, die Studenten kauerten um die Feuersglut. Sie waren jetzt etwas entspannter, die Worte ihres Professors hatten geholfen, etwas Distanz zu diesem seltsamen Ereignis zu bekommen.

„Die Welt, wie wir sie mit unseren Sinnen wahrnehmen, ist nur eine Reflexion der Realität, andere Lebewesen nehmen die Welt anders wahr, die Fledermäuse mit Ultraschall, die Schlangen über Wärmestrahlung. Möglicherweise sind in einem Piep eines Vogels sehr viel mehr Informationen und Codes enthalten, als wir hören können, wahrscheinlich können sie sehr viel mehr Details in diesem Piep entziffern. Auch nehmen wir ihren Gesang in einem anderen Kontext wahr, als die Vögel: für uns ist der Vogelgesang im Frühlingswald wunderschön, für die Vögel ist er mit Stress verbunden; für sie sind es Töne zur Revierabgrenzung, der Partnerverteidigung, Kampf- und Rivalitätsgesänge – sie machen das nicht aus lauter Freude am Singen.

Auch Materie wie wir sie erleben ist nur eine Illusion unserer Sinne", er hob einen kleinen Stein auf, „Wenn dies die Größe eines Atomkerns wäre, dann wäre das erste Elektron wohl 500 Kilometer von uns entfernt, also hinter den Anden, an der chilenischen Küste. Und dieses Elektron saust nun etwa 20 Millionen Mal in der Sekunde um diesen Stein herum, so, dass man meinen könnte, es sei eine geschlossene dünne Schale um den Kern entstanden. Dabei ist das meiste nur der Zwischenraum, also das Nichts. Im Grunde genommen eine schreckliche Erkenntnis, etwas Ähnliches wie bei unserem Staub-Skelett: Es bestand auch überwiegend aus Zwischenräumen."

Einige Studenten hatten sich hingelegt und betrachteten den großzügig funkelnden Sternenhimmel. Ihr Lehrer sprach noch über die alten Griechen und deren Idee einer Himmelsharmonie, die durch die unterschiedlich schnellen Bewegungen der Himmelskörper entstehen soll. Es entstünde ein Sphärenklang, der jedoch für die Menschen nicht hörbar sei. „Die alten Griechen und die Astrophysiker mit der Idee eines Urknalls sind sich im Kern sehr nahe: beide imaginieren, bei den einen knallt das Universum, bei den anderen singt es."

Es war spät geworden im Valle de la Luna und der Sternenhimmel sang im Chor.

# Ein Requiem für eine Mumie

Unweit von diesem Ort fand man vor einiger Zeit auf etwa 4.000 Metern im Eis die Mumie eines vor circa 500 Jahren gestorbenen Jungen von etwa 16 Lebensjahren. Man opferte jedes Jahr den Göttern der Berge einen jungen Menschen. Die späteren Opfer wurden zum Teil bereits als Kinder darauf vorbereitet, es war eine Ehre, sich zu opfern. Häufig wurden diese jungen Menschen besonders geschmückt oder tätowiert, sie bekamen als Privileg besondere Speisen.

Für diesen Jungen muss es ein stiller Abschied gewesen sein. Mehrere tausend Jahre alte Mumien hatte man bereits zuvor entdeckt, alle durch die trockene Luft in Steingräbern eingetrocknet, und immer noch mit klarem Gesichtsausdruck.

Diesen Jungen hingegen fand man im Eis. Vielleicht unter Drogen stehend hatte er sich in eine Felsnische gekauert, spärlich bekleidet, fast nackt. An diesem unwirtlichen Ort kann es kein farbiges Opferfest gewesen sein, möglicherweise ging nur ein Priester mit ihm in diese eisige Höhe. Dort schlief er ein, erfror und wurde erst 500 Jahre später im schmelzenden Schnee gefunden. Man brachte ihn tiefgefroren ins Tal, wo er heute in einem Museum in einer Tiefkühlvitrine hinter Glas zu sehen ist: ein Junge, nicht etwa eine ausgetrocknete Mumie, sondern bestens erhalten, er sieht aus, als schliefe er mit angezogenen Beinen, traurig schaut er drein. Ein berührendes Bild des Jammers.

Ich beschloss, für ihn ein Mini-Requiem zu schreiben.

Unter dem Titel Atacama wurde das Werk hier und da aufgeführt und bei meinem nächsten Besuch im Museum zeigte ich dem mumifizierten Buben die Noten. „Du, dies hier habe ich für Dich geschrieben. Es wurde aufgeführt und Menschen in Europa kennen jetzt dein Schicksal."

Ich meinte, diesmal lächelte er.

## Vier alte Autos

Die Gegend um San Juan ist trocken wie eine Wüste. Metall rostet kaum, die Autos werden alt, einige sehr alt. Carlos hatte in San Juan ein Auto entdeckt, einen Oldtimer, ein Ford A Cabriolet aus dem Jahre 1929, dunkelgrün-schwarz. $ 1.000.- sollte er kosten, plus die Kosten für ein paar kleinere Reparaturen. „Maestro, stell dir vor, du fährst damit durch Freiburg und zum Kaiserstuhl, zum Kaffeetrinken, oder vielleicht zum Spargelessen im Frühjahr." Noch nie hatte ich mich für Oldtimer interessiert. Doch mit der Spargelfahrt hatte er mich überzeugt, ich willigte ein und kaufte in Argentinien ein altes Auto für den Kaiserstuhl am Oberrhein.

Einige Monate später kam ich wieder nach San Juan und besuchte das gute Stück in der Werkstatt. Es war Liebe auf den ersten Blick. Beim zweiten Blick erkannte ich einen dann doch erheblichen Reparaturbedarf. Die Frage, wie der Transport nach Europa zu planen sei, führte mich anschließend zu einer örtlichen Spedition. „Guter Freund", meinte Jorge, der Chef des Unternehmens, „ich gebe dir einen guten Rat, von Freund zu Freund: Es gibt kleine Container, da passt dein Auto zwar hinein, aber es ist teuer. Besser ist: Du findest zwei weitere Autos, nimmst einen großen Container, verkaufst zwei Oldtimer in Deutschland und hast einen für dich gratis." Jorge grinste beifallheischend, wischte sich mit dem Taschentuch den Schweiß von der Stirn und sah so aus, als hätte er soeben die allerbeste Idee des Jahres gehabt. Mir leuchtete sein Vorschlag ein. Es war dies der Beginn einer endlosen Geschichte.

Wenn man einen Hund besitzt, ist die Welt mit einem Mal voller Hunde, wer einen Kinderwagen schiebt, bemerkt viele Kinderwagen. Ich hatte meinen ersten Oldtimer und entdeckte sofort einen weiteren in einer Nebenstraße in San Juan. Wer dort ein Auto verkaufen möchte, stellt eine mit Sand gefüllte Plastikflasche auf das Autodach. Man klingelt oder klopft an der nächsten Haustür und fragt, wem dieses Auto gehört, man diskutiert den Preis, wird sich handelseinig und schon hatte ich ein zweites Fahrzeug, einen Ford A Baujahr 1931, ebenfalls grün/schwarz, ein geschlossenes Sedan-Model mit cognacfarbenen Samtsitzen, fast wie aus einem Museum und in wunderbarem Zustand – jedenfalls auf den ersten Blick. Schließlich folgte ein Bijou, ein Chevrolet Cabriolet, Baujahr 1929, dunkelblau/schwarz, Holzspeichenräder, große Kotflügel mit Rundungen wie aus einem Rubensgemälde und mit großen Scheinwerfern, die mich wie wunderschöne Augen liebevoll anschauten.

Abschließend fand ich ein viertes Fahrzeug, was ich für den Transport gar nicht mehr brauchte, es war sozusagen überzählig: ein Ford 1934, ein Achtzylinder mit einer verwitterten Goldlackierung, ein typisches Al Capone Fahrzeug. Carlos meinte, es wäre schön, wenn ich auch in San Juan so ein Auto hätte. In so einem Auto fährt man wie in einem Kinofilm aus alter Zeit, meinte er: mit breitkrempigem Hut, weißem Schal, Glacehandschuhen, raucht große Zigarren. Es wäre natürlich nun genau ein Auto zuviel. Ich war jedoch auf den Geschmack gekommen und hatte den unüberwindlichen Drang, auch dieses Fahrzeug haben zu müssen. Ich ließ es bei Carlos in San Juan und bat ihn, darauf aufzupassen, er könne es jederzeit benutzen und wenn ich wiederkäme, hätte ich ein angemessenes Auto für die Fahrt durch die Anden. Soweit der Plan.

Der Transportchef wurde erneut aufgesucht: „mission acomplished." Er gratulierte mir, wir besprachen die Reiseroute des Containers von Argentiniens Westen nach Freiburg im Schwarzwald, und Jorge meinte, es sei besser, nicht die Route über den Hafen von Buenos Aires für die Nordatlantikroute zu wählen, dort würde zu viel gestohlen und in Deutschland kämen die Autos vielleicht nicht komplett an, es würden mindestens die Räder fehlen. Besser sei die Route über Chile. Er erklärte, es sei ganz einfach und fuhr, während er sprach, mit einem Finger auf einer Weltkarte die Route ab: mit dem Container auf einem LKW von San Juan über die Anden zum Containerhafen San Antonio bei Santiago de Chile, über den Pass auf 3.500 Metern, vorbei am Aconcagua mit seinen fast 7.000 Metern, hinunter nach Santiago und San Antonio. Ein Containerfrachter fährt dann nach Norden die Pazifikküste entlang, vorbei an Chile, Peru, Ecuador, Kolumbien nach Panama, durch die Schleusen des Panamakanals, weiter vorbei an Costa Rica, Nicaragua, Honduras, Guatemala, Belize, zwischen der mexikanischen Provinz Yukatan und Kuba hindurch, schließlich an den Bahamas vorbei bis Miami in Florida. Dort wird rasch umgeladen für die Nordatlantikroute. Es klang doch komplizierter als ursprünglich gedacht. In Anbetracht der inzwischen nicht unwesentlichen Kosten für Reparaturen und denen für die Autokäufe, der vielen Dokumente, Exportpapiere, notariellen Beglaubigungen in Deutschland und in Argentinien, war der „Point of no return" bereits an mir vorbeigezogen – es gab nur noch eine Richtung: nach vorn. Drei Monate später klingelte das Telefon, eine Speditionsfirma meldete sich, der Container mit meinen drei Autos auf dem Schiff soundso sei wegen eines Hurricans bei den Bahamas etwas verspätet, würde jedoch in zwei Tagen Bremerhaven erreichen. Sie ließen fragen, was sie mit dem Container und seinem Inhalt machen sollen? Bitte verzollen und auf die Bahn bis zum Freiburger Güterbahnhof.

Der Container erreichte, wie geplant, Freiburg im Breisgau, ich wurde zum Güterbahnhof gebeten und stand endlich vor „meinem" Container. Nach einer sachkundigen Lösung der Verplombung öffnete ich vorsichtig die Doppeltür: alles da, alles komplett, inclusive etwas Wüstenstaub aus San Juan auf den Karosserien. Mit einem gecharterten Autotransporter ließ ich sie in unsere kleine Sackgasse vor die Haustüre fahren. Alle Schwierigkeiten und die Kosten waren fast vergessen, inzwischen war die Rechnung bereits bemerkenswert gewachsen.

Eine Straße weiter, gleich um die Ecke, gab es eine freie Autowerkstatt, deren Meister sich zufällig auf alte Autos spezialisiert hatte. Das war meine Rettung. Er nahm sich der folgenden Reparaturen an und begann mit dem Ford Sedan, 31er Baujahr. Irgendwann fragte er mich, ob ich ihn nicht exklusiv anstellen könnte, es wäre für mich am Ende günstiger. Nach einem sechsstündigen TÜV-Besuch, bei dem jede Schraube kritisch überprüft wurde, waren nicht unwesentliche Nachbesserungen nötig, wie etwa die Neuschweißung der Hinterachse, danach gab es endlich grünes Licht, eine ordentliche Zulassung und die ersten Fahrten ins Grüne: zum Spargelessen an den Kaiserstuhl, mit einem grün-schwarzen Ford A Baujahr 1931 und mit cognacfarbenen Samtsitzen. Mir wurde nach dieser Erfahrung klar, dass es nun nicht mehr Spaß, sondern Ernst werden würde, und der zweite Ford A bald und unrepariert verkauft werden müsste. Auf ein Inserat hin meldete sich ein Freund alter Motorräder und Oldtimer aus dem Bayerischen. Er kam, fotografierte jede Schraube, zwei Tage später kam er erneut, kaufte und lud das Fahrzeug auf einen Hänger, ich war eine Sorge los – auf den ersten Blick. Das Auto war zwar verkauft, doch nach einer Woche rief der Käufer erneut an, er hätte sich den Kauf überlegt, die Restaurierung wäre ihm zu teuer und bat um Rückwandlung des Kaufvertrages. Er hatte sich das Fahrzeug sehr genau angeschaut und war sehr viel besser über den Zustand des Wagens informiert als ich. Ich hatte kein Interesse daran, das Fahrzeug zurück zu nehmen, er bestand auf einen Prozess, im Amtsgericht vom mittelfränkischen Ansbach… Prozess gewonnen, Zeit verloren.

Das Chevrolet-Cabriolet mit Holzspeichenrädern, 1929, blauschwarz, war in dieser Zeit ein großer Trost: Es stand trocken in der Garage, mit großen Augen schaute es mich an und bereitete mir Freude, wenn ich mich einfach nur hineinhockte, über das Blech streichelte und mit den Händen den wunderbar geschwungenen Formen nachfühlte. Es war nicht nur ein Haufen Blech sondern ein Dialogpartner. Ihn durfte ich mit einer roten Nummer fahren, hatte nun zwei Oldtimer und musste überlegen, wie es weitergehen sollte. Erst einmal wollte ich beide etwas ausprobieren. Es stellte sich in dieser Probezeit als Problem heraus, dass man immer mit drei Kanistern fahren musste: einen für das Benzin, einen für Wasser und einen für Öl. Nie wusste man vorher, welcher Kanister zuerst benötigt wurde – mal platzte der Kühler, mal leckte die Ölwanne.

Zuerst akzeptierte ich die Launen der Diva, doch die notwendigen Ersatzteile immer als Sonderanfertigung erwerben zu müssen, trübte die Zuneigung, und ich beschloss schweren Herzens, den Chevy, meinen Tröster und Beruhiger in hektischen Zeiten, zu verkaufen. Nun verblieb der Wagen Nummer drei, der geschlossene Ford A. Mit ihm war ich bereits mehrfach an den Kaiserstuhl und durch die Stadt gefahren. Am letzten Tag eines Besuches von älteren Gästen lud ich diese zu einer Abendrundfahrt um den Kaiserstuhl ein. Sie sollten ruhig ihre Hauspantoffeln anbehalten, wir würden nicht aussteigen, sondern nur bequem auf Samtsitzen durch die Weinberge fahren und der Sonne beim Untergehen zuschauen. Auf dem Rückweg fuhr der Wagen mit einem Male so weich, sonderbar schwimmend, schwankend: Er eierte wie ein Schiff! Ich hielt am Straßenrand und sah zu meinem Schrecken, das sich ein Hinterrad bereits fast ganz gelöst hatte und nun schräg, nur einen Zentimeter vor dem endgültigen Abrutschen von der Achse, seitlich abstand. Meine Zuneigung zu alten Autos aus Argentinien erlosch.

Ich hatte drei Autos verkauft, ohne Verlust, ohne Gewinn, plus minus Null, war nun allerdings um 1.000 Erfahrungen reicher. Es blieb noch Nummer vier in San Juan in Argentinien, der goldene Al-Capone-Wagen. Ich teilte Carlos, meinem guten Freund und unermütlichen Helfer in dieser Auto-Odysee, mit, dass er das goldene Auto behalten könne, es sei sein Honorar für die viele Mühe.

Für den Fall, dass er es bei meinem nächsten Besuch noch hätte, würde ich mich über eine Ausfahrt freuen. Carlos führte mich zwei Jahre später durch sein schönes neues Haus in San Juan und auf meine Frage nach „Al Capone" zeigte er auf die neue Regenrinne. Er hatte die Werkstatt, die sämtliche Metallarbeiten an seinem Haus übernommen hatte, mit dem Oldtimer bezahlt. Somit war das vierte Auto, der goldene Ford B Baujahr 34, Achtzylinder, in Regenrinnen und Fenstergitter verwandelt worden.

# IGUAZU – die Geburt des Regenbogens

Wenn du nach Iguazu kommst, vergiss alles, was du über Regenbögen weißt. Schon beim Anflug siehst Du die Gischtwolke über dem breitesten Wasserfall der Welt an der argentinisch-brasilianischen Grenze. Bis auf 1.000 Meter kann sie steigen. An diesem Ort werden Regenbögen in aller Vielfalt geboren.

## Flora

Die Luft ist erfüllt vom fernen Brodeln und Tosen des Wasserfalls, und vom Sausen und Zirpen der Insekten, die duftende Blüten hungrig umsummen, vom Gesang, Zwitschern, Piepsen, Schreien der 450 Vogelarten, die sich zu Konzerten versammeln – einige erproben ihre Rufe bereits am Morgen, manche füllen die Nächte mit ihrem Klang. Von Ferne rufen Affen. Du gehst durch eine Kathedrale zahlloser Baum- und Pflanzenarten, helle, zartfiligrane oder dunkele, dickfleischige Blätter brechen das Sonnenlicht: ein Meer tausender Grüntöne. Darüber fedrig zarte, rosafarbene, süß duftende Baumblüten, am Boden locken große, blaue Kelchblumen, vielfarbige Orchideen, Blumenkerzen in orangerot. Die Pracht der

Farben ist lärmend, man meint Farbklänge zu hören. Hier überlebt nur der Lauteste, der Bunteste, der Duftendste – der Prächtigste.

## Fauna

800 verschiedene Schmetterlingsarten tänzeln durch dieses Paradies, versammeln sich mit hauchdünnen gefalteten Flügeln zu Hunderten an Wasserstellen, tanzen in der Luft wie dünne Farbpapierschnipsel, folgen dem Weg, flattern näher, setzen sich zutraulich auf meine Hand, auf den Arm, die Schulter, lassen sich weitertragen – eine wunderbare Vertrautheit und das schöne Gefühl, selber Teil der Natur zu sein. Wenn ich doch einmal mit ihnen sprechen könnte, um zu erfahren, wie es ihnen ergangen ist, während der Metamorphose von der dicken Raupe, die Kohl frisst und zentimeterweise am Boden entlangrutscht, zum farbleuchtenden Falter, der bis zu den Wolken fliegen kann und sich vom Nektar der blauen und roten Blumen ernährt. Torkelnd, pendelnd fliegen sie weiter, naschen vom Salz der Haut anderer Gäste. Eine Gruppe blauschwarzer Propeller – Wunderwesen, Libellen ähnlich – schwirrt vorbei, während die besonders großen rot-orange-blau-gelben Doppelflügler abwechselnd gleiten und flattern.

Die ganz kleinen Falter lassen sich durch den Wind tragen, schweben in der Luft wie Plankton im Wasser. Sie sind nicht nur wunderschön, sondern dienen vielen Vögeln auch als Nahrung. Die Umgebung Iguazus ist der größte denkbare Vogelpark. Zwischen den Bäumen flattert es geschäftig: Tucane mit ihren monströs großen, doch sehr leichten und vielfarbigen Schnäbeln, kleine, bunt schillernde Kolibris schwirren von Blume zu Blume, kaum größer als die Insekten an den Nachbarblumen, größere Vögel rauschen im eleganten Gleitflug zwischen den Bäumen, einige Baumkronen bieten erregten Balztänzern Raum. Es pfeift und trillert in allen Tonarten im bunten Schönheits-Wettbewerb, ein Schwarm kleiner Grünpapageien fliegt laut zeternd vorbei. Hoch über den Wipfeln gleiten Greifvögel, spähen im Segelflug nach Beute. Ich genieße den Vogelgesang als Klang einer intakten Natur, doch Vögel singen nicht aus reiner Freu-de: sie haben ein Revier zu verteidigen, sie kämpfen um einen Partner. Vogelstimmen sind Kampfgeschrei! Jedes einzelnes „Piep" enthält viele rasche Einzelcodes, bestimmt für den Partner oder den Gegner – nicht für uns. Der Regenwald von Iguazu ist eine geballte, permanente Metamorphose, ein einziger FruchtbarkeitsWettbewerb. Eine ewige Libido der Natur.

## Regenbogen

Über allem thront stolz, talüberwölbend, der königliche Hauptregenbogen, geboren aus der Gischt unbändig stürzenden Wassers. Ihm zur Seite stehen Nebenregenbögen, die ihn diskret in umgekehrter Farbreihenfolge begleiten und selber Neben-Nebenregenbögen bilden.

Der Weg führt um einen Felsen herum, der Hauptregenbogen entschwindet kurz unserem Blick, doch ein kleiner Privat-Regenbogen, über die Pflanzen einer größeren Felsennische gespannt, entschädigt mit intensiven Farben. Die Luft ist von Sprühnebel gesättigt, im Nu ist man auf der Wanderung durch den Park durchnässt. Hier schimmern, zart pastellfarben hingehaucht, dünne Farbschleier der Spektralfarben, dort folgen weitere leuchtende Nischen-Regenbögen. Die Luft ist bunt in Iguazu. Im frühen Morgendunst bilden sich weiß erscheinende Nebelbögen. Auf Blättern und Gräsern haben sich, dem Tau auf einer Wiese gleich, feine Tropfen gesammelt. Das Sonnenlicht lässt die Gelegenheit nicht verstreichen, einen elliptisch erscheinenden Taubogen zu zaubern.

Ein Ereignis ist der Mond-Regenbogen einer Vollmondnacht – unser Auge erkennt nachts kaum Farben, sondern nur einen zarten weiß-bläulichen Bogen. Der Park ist auch die freie Wildbahn. Geheimnisvoll raschelt es während der Nachtwanderung neben den Wegen, ein Tier begleitet uns unsichtbar im Dunkel. Am nächsten

Tag war zu hören, dass eine Person in der Nacht von einem Jaguar
angefallen wurde.

Dem rauschend, tosenden Klange folgend sind wir dem Wasserfall nähergekommen. Im Wasserrauschen klingt immer geheimnisvoll ein Grundton, ungefähr ein F. Ein altes chinesische Tonsystem
basiert auf diesem Wasserton: Es wird überliefert, dass einst das
Schilfrohr für die chinesische Flöte nach dem Klang des Wassers
gestimmt wurde.

Wasser ist allgegenwärtig und doch rätselhaft. Ein geheimnisvoller
Stoff, durchsichtig, unsichtbar, nur durch Reflexionen und Spiege-
lung der Umgebung erkennen wir Wasser, das uns in vielen Erscheinungsformen begegnet, es ist die sprudelnde Quelle, der Bergbach,
der monströs schäumende Wasserfall, der wild strömende Fluss, der
breite träge Strom, Wasser ist der stille See, das aufgewühlte Meer,
die romantische Lagune, doch auch die Wolke, der Regen, Nebel,
Hagel, Eis und Schnee.

Die belebte Natur besteht überwiegend aus Wasser, sie ist ein
gigantisches Filtersystem für das Wasser. Alles Leben ist damit eine
Erscheinungsform des Wassers – die belebte Natur gibt dem Wasser
eine Gestalt, wie in einem utopischen Film über Aliens, die sich
eine Fremdgestalt aneignen. Wasser ist die Schnittstelle zwischen
metaphysischen und physischen Realitätsebenen und ideale Projek-
tionsfläche religiöser Riten: vielfach ein Symbol, das geheimnisvolle
Lebenskraft vermittelt. Durch Waschungen sucht man Sündenstoff
zu beseitigen. Als geweihtes Wasser dient es der Übertragung von
Segenskraft auf Menschen, Tiere und Dinge.

## Fallendes Wasser

Endlich stehen wir vor dem prächtigen Panorama fallender Was-
serwände, vor den unzähligen weißen Riesenwasserschlangen und
vielen Strähnen, vor schäumender Gischt und imposanten Kaska-

den. Der Klang ist erfurchtgebietend, majestätisch, kraftvoll. Nach einem gewaltigen Sturz und seinem Aufprall auf das Felsgestein, bei dem der gesamte Kosmos zu beben scheint, ist das Wasser ein veränderter Stoff, auch schmeckt es unten frischer als vor dem Fall.

Oben fließt das Wasser still heran, als breit gleitender Strom, eingerahmt von grüner Uferpracht, noch ist alles friedlich und still, es nähert sich dem Übergangsbereich, der schräg im Strom liegenden Abbruchkante. Früher war es Mutigen möglich, sich mit einem Boot sehr dicht an diese Kante heran rudern zu lassen. Dort verbreitert sich der Fluss und fließt langsamer, man meint, das Wasser zögere noch, als sammle es sich vor der großen Verwandlung in Einzeltropfen, doch dann beschleunigt es und schießt vorwärts, noch ist das Wasser stumm, doch jetzt nähert es sich der Abbruchzone, es bildet längs gerichtete Stränge wie Muskeln; glatt gebogenem, ölig-poliertem Metall ähnlich, gleitet es über die Kopfkante, es kommt vom Fließen, der Gravitation folgend, in den freien Fall. Der Fluss stürzt sich schäumend in einer Breite von fast 3.000 Metern 80 Meter hinunter. Gleich beginnt die Wandlung, hier entsteht der erste Klang und das Wasser beginnt, sich zu verändern. Es wird durcheinandergewirbelt, vermischt sich mit der Luft, reichert sich an mit Sauerstoff. Das Licht wird diffus reflektiert, weiße Bläschen in den Tropfen verbinden sich zu langen Strähnen – das Wasser wird weiß. Die Wassertropfen sind jetzt starken, aufwärts gerichteten Windbewegungen ausgesetzt, negative Ladungen sammeln sich an ihren Oberflächen, positive im Inneren. Durch den mächtigen Aufprall wird die Oberfläche aufgerissen und das Innere zerstäubt zu kleinen Tröpfchen, welche von Luftwirbeln emporgeschleudert werden, während die positiv geladenen Haupttropfen am Boden zerfließen.

Wie ein stürmischer Liebhaber wirft sich das Wasser den Felsen im Flussbett ungestüm entgegen. Es ist eine donnernd, brüllendtosende Begegnung von Wasser, Felsen, Luft, um einen Regenbogen von großartiger Pracht zu zeugen und zeitgleich zu gebären.

Mit dem Blick versuche ich einzelnen Wasserabschnitten zu folgen, während sie sich im freien Fall immer weiter beschleunigen, und mir kommt der Satz von Heraklit in den Sinn: Keiner steigt zweimal in denselben Fluss. Von Sekunde zu Sekunde wird das Wasser ausgetauscht, kein Tropfen fliegt gleich. Jedem ist nur eine kurze Existenz vergönnt – hervorgegangen aus dem Fluss und nach kurzem Fall wieder Teil des neu entstehenden Stromes.

In der Philosophie asiatischer Kulturen werden Ursache und Wirkung vertauscht: nach ihrer Konzeption entsteht nicht der Regenbogen, weil das Wasser fällt und feinste Tröpfchen das Licht in Spektralfarben zerlegen, sondern: das Wasser möchte die Gestalt des Regenbogens erschaffen...

## Mutige Vögel

Der Wasserkörper zerfällt am Boden, löst sich vom Untergrund, steigt als hochwirbelnde Gischtwolke empor, reißt viele tausend Insekten und Larven mit sich hoch in die Luft. Sie sind die begehrte Beute der mit unseren Mauerseglern verwandten Rußsegler. In großer Zahl jagen sie im akrobatischen Schnellflug durch die Gischt, picken hochgewirbelte Insekten zwischen den Wassertröpfchen heraus und kehren umgehend zu den ungewöhnlichsten Nist-Nischen zurück. Hinter der stürzenden Wasserwand ist ihr Nest vor Feinden aller Art sicher und mit akrobatischer Eleganz und Todesmut schießen sie pfeilschnell durch kaum sichtbare Lücken im fallenden Wasser. Sie sind nur an diesem Ort zu finden und brüten damit direkt am gefährlichsten Platz, der sich denken lässt, dem Garganta del Diabolo, dem Teufelsschlund, der ihnen nicht nur Schutz, sondern auch das größte Angebot an Insekten und Spinnentieren in seinem aufgewirbelten Spritzwasser bietet.

## Unten

Das aufgeschäumte Wasser, nun unten angekommen, stürmt über Stromschnellen, schießt wie eine Meute ungebärdig ausgelassener Tiere, wild tobend, übereinander herfallend durch die Stromschnellen, prallt krachend gegen die bereits seit Jahrtausenden glattgewaschenen Wände der Schlucht, schleift unerbittlich die immer gleichen Steine und drängt brodelnd weiter in den von hohen Felswänden gesäumten Canyon. Rollend, schäumend, räkelt sich nun der Fluss, schlängelt sich zügig, nach und nach ruhiger werdend, weiter durch den überfruchtbaren Tropenwald, alles ein einzig Leben. Wer mag hier noch an den Tod denken? Die Ureinwohner haben oberhalb des Falls ihre Toten dem Wasser anvertraut.

Meine Sinne sind betäubt durch die schieren Naturgewalten, ich entferne mich vom brüllenden Wasserschlund und gönne mir in deutlicher Entfernung eine Ruhepause, in der ich wieder den Vogelstimmen lausche und den bunten Schmetterlingen bei ihren Flatterspielen zusehe, bevor ich mich dem Ausgang zuwende, um zur brasilianischen Seite des Wasserfalles zu gelangen.

## Die brasilianische Seite

Die Begegnung mit den Cataratas do Iguaçu, wie die Wasserfälle in Basilien genannt werden, ist hier ungleich direkter, nasser, betäubender, ein Ort bedingungsloser Hingabe. Hier sieht der Besucher das gesamte Panorama und kommt dem stürzenden Wasser ganz nah, auf einer tiefergelegenen Plattform, in der Nähe des Aufpralls. Es ist der gleiche Wasserfall, doch so verschieden, ich stehe hier inmitten der Gischt, nass bis auf die Haut und glücklich – der emotionale Rausch ist gewaltig.

## Glück

Auf argentinischer Seite bot sich das breite Panorama, ich war hingerissen von den Kräften der Natur und dem grandiosen Erlebnis, Zeuge der Geburt eines Regenbogens zu sein; nun bin ich unterhalb des frei fallenden Wassers direkt eingebunden in das Naturschauspiel. Mir stürzen Wassermassen ununterbrochen entgegen, in jeder Sekunde viele tausend brausende Tonnen. Hier spüre ich körperlich die Kraft, die vibrierende unfassbare Energie, das ungestüme Fallen scheint mir zu gelten: ungezähmt, mit Vehemenz, kracht es herunter, wirft sich jäh, unbändig und maßlos nicht nur den Felsen, sondern auch mir entgegen. Es ist unmöglich, sich diesem Erlebnis zu entziehen – verstörend intensive Emotionen werden geweckt.

An diesem magisch prachtvollen Ort lehrt uns fallendes Wasser, was ungezügelte Leidenschaft, bedingungslose Hingabe, was heftige, unbändige Wildheit sein kann. Ohne nachzudenken, breitet hier ein Jeder die Arme aus, bereit, das Wasser zu empfangen, es stürmt heran in freiem Fall, überschwänglich, jubelnd, rauschend. Jegliche Distanz ist aufgehoben im rauschenden Klang fallenden Wassers, eingebettet in tosende Erregung aller Sinne, mit einem überreichen Angebot zum Hören, Sehen, Riechen, Schmecken und Fühlen.

Hier wird Erkenntnis zum Erlebnis: der Mensch besteht überwiegend aus Wasser, hier kann ich es fühlen: Ich bin Wasser und eins mit der Natur. In mir ein verwirrend pulsierendes Beben der Glückseligkeit, es dringt an mich in Wellen. Das mir zustürzende Nass bringt die Luft in Bewegung – es ist windig.

Man wird bescheiden und klein, fühlt sich vom Wasser neugeboren – und versteht den Begriff „Taufe" neu. Ich schließe die Augen, genieße ein tiefes Glücksgefühl und die vielen kleinen Tröpfchen auf der Haut.

Auf dem Weg zum Ausgang lächeln sich fremde Besucher verstehend zu. Und auch ich hatte das Glück geschaut.

# Kapitel III

## BRASILIEN

Wanderer, kommst Du nach Rio, genieße den Tag und gehe nachts nicht alleine an den Strand der Copacabana – auch nicht in einer Studentengruppe. Rio de Janeiro gehört zu den gefährlichsten Städten Brasiliens und die Möglichkeit, überfallen zu werden ist größer als die, nicht überfallen zu werden. Nachts die Avenida Atlântica zur Strandpromenade der Copacabana zu überqueren ist hochriskant, denn bereits auf der anderen Straßenseite beginnt das Wirkungsfeld verschiedener Jugendbanden, die sich auf tumbe Touristen spezialisiert haben.

Der wohlmeinende Ratschlag an das studentische Ensemble verhallte ungehört und prompt hatten zwei brasilianische Jugendliche im Halbdunkel die Gelegenheit ergriffen und die Studenten ausgeraubt. Zum Glück war es nur ein Verlust von 50.- Dollar. In einigen Gegenden Südamerikas ist es ratsam, sich einige kleine Dollarscheine in die Hemdtasche zu stecken, auf die man auch mit hoch erhobenen Händen noch weisen kann. Der Verlust lässt sich leicht verschmerzen, und man vermeidet dadurch eine etwaige Attacke auf Leib und Leben. Entnervte Geschäftsleute von Rio griffen vor Jahren zu drastischen Mitteln und ließen Jugendbanden nachts von angeheuerten Spezialeinheiten erschießen. Geholfen hat es nicht, soziale Ungerechtigkeiten lassen sich nicht einfach wegschießen.

Unser Hotel lag nur etwa fünf Minuten von der Copacabana entfernt. Es war Teil einer Hotelfachschule, deren Studenten nicht nur trainiert wurden, Gäste zu umsorgen und die Zimmer zu reinigen, sondern auch das prächtige Buffet herzurichten.

Die mit weitem Abstand beeindruckendsten Frühstücksbuffets finden sich in Mexico und Brasilien. Frische Ananas, süße Mangos und reife Bananen aber auch diverse warmen Speisen werden aufgetischt. Man kann sich hier für den ganzen Tag satt essen.

# Die Copacabana bei Sonnenaufgang

Besonders spektakulär ist Rio von oben, bei Sonnenaufgang betrachtet, zum Beispiel während eines sehr frühen Fluges in den beginnenden Tag hinein. Die Stadt ist erleuchtet und die Küstenstraßen der Bucht um den Zuckerhut herum und auf den vorgelagerten Inseln zeichnen leuchtende Umrisse. Der tropisch feuchte Morgendunst filtert wie ein Weichzeichner das Licht der aufgehenden Sonne. Der Maler Auguste Renoir hätte hundert Jahre zuvor seine helle Freude an diesem Farbenspiel gehabt und den weichen Lichtübergängen ein künstlerisches Denkmal setzen können. Doch der Morgenhimmel über Rio wäre fast zu schön und zu süßlich für eine bildnerische Umsetzung. Rio ist in ein einzigartiges diesiges Orangegrau getaucht, aus dem sich die Sonne erhebt. Unser Pilot musste ein Liebhaber dieser Atmosphäre sein und hatte offenbar selbst seine Freude an diesem Lichterschauspiel, flog er doch in mittlerer Höhe die gesamte Küstenlinie ab, immer den Lichtbändern der Uferstraße nach.

Vor Sonnenaufgang wurden wir mit unseren Schlaginstrumenten abgeholt, um Werbung für unser Konzert zu machen, rechtzeitig für das aktuelle Frühstücksfernsehen: vor der spektakulären Kulisse der Copacabana. Aufnahmeleiter haben gelegentlich ungewöhnliche Ideen, um Aufmerksamkeit bei ihren Zuschauern zu erregen. Zunächst wurden wir am Wasser postiert, um ein Werk auf vier

Paar Bongos zu spielen, doch bald führte man uns mit den Instrumenten ins flache Uferwasser, nicht in gewohnter Aufstellung für ein geordnetes Zusammenspiel, sondern fernsehgerecht choreographiert. Das gewärmte Atlantikwasser der Bucht von Rio umspülte unsere Füße, während sich die schnell fliegenden Rhythmen unserer Trommeln mit dem Dunst des frühen Morgens und der aufgehenden Sonne verbanden.

# Die Rache

Drei Wochen vor unserer geplanten Konzertreise in typische Fleischessernationen wie Argentinien und Brasilien, beschloss ein Ensemblemitglied, künftig vegetarisch leben zu wollen. Bald nach der Reise gab er das Vorhaben wieder auf und griff auch mal wieder zur Currywurst. Es betraf also nur den Zeitraum unsere Reise, war sozusagen eine Punktlandung – nicht immer zur Freude der wohlmeinenden Mitreisenden.

Ob es als eine harmlose Provokation gemeint war, um stets im Mittelpunkt zu stehen oder tatsächlich als Basis einer neuen Ernährungskonzeption, die unbedingt während unserer Reise erprobt werden musste – und keinesfalls sechs Wochen später – blieb unklar. Jeder soll selbstverständlich essen, was ihm schmeckt, was ihm bekommt. Dass bei jeder Mahlzeit für ihn übersetzt werden musste, war die ersten Tage noch lustig, dann wurde es lästig, immer wieder nachzufragen, was in diesem Land der Fleischesser an vegetarischen Speisen geboten wurde. Die Gespräche über das Essen überlagerten jede Konversation: Das Reden darüber wurde zum zentralen Thema und letztlich banalisiert. Doch konnten wir uns an einem Tag in Brasilien revanchieren, denn wir besuchten gemeinsam mit unseren brasilianischen Freunden eine brasilianische Churrascaria.

Was den Argentiniern die Parrilla ist den Brasilianern eine Churrascaria: ein Fleischtempel, mit dem feinen Unterschied einer Flatrate für den Fleischkonsum. Man bezahlt einen überraschend niedrigen Pauschalpreis für „all you can eat" und nimmt so viel von Vorspeisen, Hauptspeisen und Dessert, wie man mag und soweit die Gier reicht. Eine schreckliche Erfindung, denn es verleitet zur Völlerei, der sechsten von den sieben Todsünden. Eine Geschäftsidee, die mit der Gier der Menschen rechnet. Ein geheimer Trieb treibt die Gäste an. Alles ist gut gewürzt, um den für den Umsatz so wichtigen Bierkonsum zu beleben. Schnell erkennen wir: Die Getränke sind das Geschäft. Also muss möglichst viel durstentwickelndes Fleisch auf die Teller gebracht werden. Hat man erst einmal Platz genommen, beginnt der Abend harmlos mit einem traditionellen Caipirinha-Cocktail, er sorgt für Inspiration und gute Laune. Es folgt die Grundversorgung mit Vorspeisen am offenen Buffet, der ersten Versuchung zur maßlosen Gefräßigkeit, der Schwelgerei im scheinbaren Überfluss. Dies ist der erste Schritt zur Völlerei.

Die Auswahl reicht von allerlei Salaten und Gemüsen über kleine Köstlichkeiten wie luftgetrocknetem Serranoschinken, Salami, Scampisalat mit würzigem Paprikadip oder Lachs bis hin zu Chorizo, Oliven, Obst, Insalata Caprese, Tomate, Mozarella mit Basilikumpesto, Gurken- und Karrottensalat, Hirtenkäsesalat mit Peperoni und Oliven, Gauchosalat mit Mais, Paprika, Kidneybohnen und Salsa und andere Köstlichkeiten. Das erste kühle Bier wird geordert. Der Gast geht ein zweites Mal ans Vorspeisenbuffet, vielleicht hat man etwas übersehen, oder die marinierten Pilze schmeckten so gut, dass man zwei- oder gar dreimal geht. Der Reiz besteht darin, sich vermeintlich einen kleinen Vorteil gegenüber dem Wirt zu erfressen, einen kleinen Vorsprung in der Durchschnittskalkulation zu erwerben. Die Sehnsucht nach einem noch so kleinen Vorteil befeuert die Gier; der Restaurantbesucher verbucht in diesem Spiel das zusätzliche gegessene Stückchen Fleisch als seinen Gewinn, doch ist er in Wahrheit einem Getränke-Verkaufssystem auf den Leim gegangen. Bei Flatrate- und „all you can eat"-Restaurants ist es wie beim Spielcasino: Am Ende gewinnt immer die Bank. Das Buffet war der Ort, an dem auch unser Vegetarier zwischen allen Leckereien fündig wurde. Meist ist man bereits nach diesem ersten Gang satt und könnte zufrieden heimgehen.

Doch jetzt erst kommen die zahlreichen Cortadores! Prächtig gekleidete Fleisch-Servierer, die in ihrer Arbeitskleidung aussehen wie Toreros, kurz bevor sie ihrem Stier begegnen; sie bewegen sich ebenso stolz und elegant, fluten den Saal mit gegrilltem Fleisch in allen Varianten und Röstaromen, pendeln ständig mit Fleischspießen zwischen der Küche und den Gästen. Churrascarias sind sehr personalintensiv.

Zuerst werden den Gästen die einfachen und günstigeren Fleisch- und Wurstspieße am Tisch präsentiert und auch dem Vegetarier angeboten, der jedes Mal dankend ablehnen muss. Jeder bringt einen anderen Spieß, anderes Fleisch, andere Wurst. Man ist bereits mehr als satt, wenn später die kostbareren Steaks kommen. Alles vom Grill macht Durst, ein zweites Bier wird bestellt.

Im Abstand weniger Minuten bringt das Personal weitere Spieße mit unterschiedlichen Fleischsorten an den Tisch und schneidet für jeden Gast mit scharfem Messer die gewünschte Anzahl von Fleischscheiben direkt auf den Teller. Das geht reihum und jedes Mal wird natürlich auch unser Vegetarier gefragt, kein Cortador kann den Anblick eines leeren Fleischtellers ertragen, und so, wie wir viele Tage vegetarische Gespräche mit dem Servicepersonal führen mussten, wurde unser Vegetarier den ganzen Abend bedrängt, er möge doch endlich etwas Fleisch nehmen. Entspannt sahen wir diesem Treiben zu und ermunterten gelegentlich die Cortadores fortzufahren. Es wurde das dritte und vierte Bier geordert.

Und wieder stürmen mit elegantem Schwung und neue beladenen Tabletts die feschen Cortadores heran, wild entschlossen, unseren Veggi zu bekehren. Einen Bedienungsstau vermeidend wird am Tisch rasch von rechts und links serviert, gelegentlich zeitgleich von beiden Seiten – unser Vegetarier musste sich in alle Richtungen verteidigen: Einer brachte von rechts servierend würzige Linguica, die brasilianischen Schweinswürstchen, ein anderer, von links kommend, diente ihm kross gegrillte Hähnchenschenkel, Coxas de Frango, an; ein dritter den kraftvollen Porco Pescoco Schweinenacken in Bier-Senf-Zwiebelmarinade. Es folgte eine mit brasilianischen Preiselbeeren lila marinierte Hähnchenbrust, Peito de Frango, und endlich kamen sie, die Picanha, zart saftige Rinderhüftsteaks mit gestoßenem Pfeffer, pausen- und atemlos ging es weiter mit Burgunderbraten und einer Lammkeule. Unser Vegetarier konnte kaum den Gewürz- und Kräuterdüften und Röstaromen widerstehen, er wurde sozusagen gegrillt und geröstet, jedoch er trug es mit Fassung.

Dann kam allerdings die stärkste Waffe der Verführung zum Einsatz: Schöne, leichtgekleidete Señoritas, stolzierten im Catwalk wie professionelle Models auf dem Laufsteg und servierten eine ganze Palette schmackhafter Beilagen: Reis und schwarze Bohnen, Broccoli, Pilze, Paprika, Pommes, gebackene Bananen. Es hatte sich beim Personal bereits herumgesprochen, dass ein Vegetarier in den Fleischtempel geraten war. Sofort setzte eine offensive Missionsarbeit ein. Die Servierinnen setzten alle ihre Reize ein und fragten jeweils ungläubig und verführerisch lächelnd, warum ein so schöner großer Mann aus Deutschland kein Fleisch äße, wenn er in einer Churrascaria von so wunderschönen Mädchen bedient werde. Die Nachfragen dieser exotischen Schönen haben ihm besonders hart zugesetzt und arg in Versuchung geführt. Eine besonders Schöne kam ihm mit sanftem Körperkontakt besonders nahe. Aus Gefälligkeit akzeptierte er aus ihrer Hand ein Fitzelchen vom Steak, rollte selig die Augen, murmelte, „nur wegen Aroma und Duft" – und blieb dennoch weiterhin standhaft. Respekt, Respekt!

Dann kam endlich das Finale mit den Desserts und für unseren Veggi die Erlösung: Abacaxi grelhado – eine goldgelb gegrillte Ananas am Spieß mit Vanillesauce, eine Delikatesse für Vegetarier und Nichtvegatarier, wir waren wieder friedlich am Tisch vereint. Es stand eins zu eins.

# Kaptel IV

## URUGUAY

## Candela

Es war mein erster Konzertaufenthalt in Montevideo. Ich beabsichtigte, die Markthalle am Hafen zu besuchen. Candela, eine Mitarbeiterin des Goethe-Institutes, bot an, mich zu begleiten: „Besser, ich begleite dich", meinte sie, „sonst lese ich morgen etwas über dich in der Zeitung, was uns allen nicht gefallen würde." Dabei lachte sie und ihre weißen Zähne strahlten. Sie war eine bildschöne Mulattin, Mitte zwanzig mit wuscheligem, halblangem Haar, das ungebändigt ihr sanft gerundetes Gesicht schmückte. In ihrer sehr farbenfrohen Kleidung und mit glitzerndem Modeschmuck präsentierte sie sich als ein Musterbild der prallen Lebensfreude. Während ihres Studiums der Psychologie arbeitete sie ab und zu als Hilfskraft im Goethe-Institut. „Niemand hat so viele Freunde im Mercado wie ich", sprach sie wie auf einer Theaterbühne, „und wenn ich dich begleite, können wir mit Sicherheit ein halbes Schwein essen, ohne zu bezahlen." Sie musste über ihren übertriebenen Spruch selber laut lachen und hielt das typische Mate Trinkgefäß, die Calabaza, in der Hand, nippte an einem metallenen Trinkrohr, der Bombilla, dann goss sie heißes Wasser nach und reichte auch mir den Tee. Mate wird von vielen

Menschen Südamerikas getrunken, in Montevideo begegnet man Matetrinkern überall im Alltag mit ihren Trinkgefäßen, einem ausgehöhlten Endstück eines Flaschenkürbisses, in den Straßen, Bussen, Bahnen, Büros. Allgegenwärtig ist die Thermosflasche mit heißem Wasser zum Nachgießen. Wird Mate im Kreis von Freunden getrunken, ist es ein Zeichen der Höflichkeit, das Mate-Gefäß kreisen zu lassen. Die Sonne schien sommerlich und wir beschlossen, zu Fuß zum Mercado zu gehen. An der Mündung des Rio de la Plata weht immer ein frischer Atlantikwind. Die Häuser und Straßen sind etwas heruntergekommen, sie entstanden in der wirtschaftlichen Blütezeit der Stadt und warten nun dringend auf neues Reparaturbewusstsein. Montevideo gleicht einer ehemals schönen, nun älteren Dame, die darauf wartet, dass sich die Enkelkinder endlich um sie kümmern.

Der Mercado del porto, etwa mit einem orientalischen Basar vergleichbar, ist eine in Hafennähe gelegene übergroße Halle. Berge von Gemüse, Fleisch, Früchten und Fischen werden hier jeden Tag verkauft und bei Bedarf, wenige Schritte davon entfernt, sofort in einem der Restaurants oder kleinen Garküchen nach traditioneller Art zubereitet. Es ist nicht einfach ein Supermarkt für den täglichen Bedarf. Es ist ein Ort vibrierender Energie, ein lebendiger Treffpunkt der Geselligkeit. Der Mercado ist Leben und das Leben hat einen Klang: Laut und lärmend werden Preise ausgehandelt, Bestellungen zur Küche gerufen, Geräusche des Schlachters, der mit einem Hieb krachend ein halbes Schwein zerlegt, stehen in Konkurrenz mit den Klängen der Zubereitungen von Geflügel und Fisch und dem Gackern der Hühner im Korb.

Tatsächlich hatte Candela hier allerlei Freunde, einige Verkäufer grüßten mit einem anerkennenden „Hola, come estas, hermosa mujer, schöne Frau." Junge Männer riefen schelmisch „Bebé Bruja"- Baby-Hexe. Sie grüßte lachend zurück und formte fröhlich ihre Finger zu Krallen und zeigte ihre Zähne. „Wieso kennst Du die alle", wollte ich neugierig wissen, doch sie zog mich am Ärmel weiter, vorbei an Schweine- und Schafhälften, vorbei an den kraftvoll leuchtenden Farben von Chilis, Melonen, Zitrusfrüchten, Tomaten,

Mandarinen, Äpfeln und Papayas. Der Duft frischer Speisen aus den Garküchen, den vielen Chorizos, Mocillas und den Gramajos mischte sich mit einer Vielzahl von betäubenden Aromen reifer Früchte. Hier duftete es nach frischem Seefisch, dort nach Kräutern aller Art: Ein Fest für die Sinne.

In einer Ecke des Marktes gab es zwischen Non-Food-Angeboten auch Schmuck und Souvenirs zu kaufen. Ich erwarb eine kleine Kette aus farbigen Steinen, die meiner Stadtführerin sicher gut stehen würde, wie ich meinte. Sie war überrascht und lächelte mich glücklich an, hauchte ein „grazie", und ich schlug vor, eine Kleinigkeit in einem der Restaurants zu essen. „Ehrlich gesagt, es hat mir bisher noch niemand ein Schmuckstück geschenkt", bemerkte sie. „Auch nicht dein Freund?" Ich nahm selbstverständlich an, dass ein so schönes Mädchen nicht unbegleitet durchs Leben geht. Sie schaute mich etwas traurig an und mir schien, dass der Lärm nun weniger wurde und Gerüche und Farben verblassten, als sie mir leise und gedankenverloren anvertraute: „Vor einigen Jahren habe ich in einem Vorort eine schlimme Erfahrung gemacht, an die ich mich nicht gerne erinnere, die mich nachts immer noch verfolgt. Die jungen Männer sind okay und lustig, doch ich habe seither kein Vertrauen. Ich werde mein Studium irgendwann beenden, einen Job suchen und dann jemanden finden, der zu mir passt. Es hat Zeit". Sie wirkte jetzt deutlich reifer und ihr Gesicht strahlte nicht nur blühende Jugend aus, sondern auch Lebenserfahrung. Es war nur ein kurzer Moment von schattiger Melancholie. Die Geräusche, die Düfte und Farben kehrten zurück und Candela lotste mich, nun wieder ganz die fröhliche Studentin, in eine kleine Garküche des Mercado. Der Wirt kam auf uns zu, umarmte und küsste meine Begleitung und wollte sogleich ein Gespräch beginnen. „Mein Cousin", meinte sie, fast entschuldigend, um sogleich dessen Redeschwall mit einer Bestellung zu beenden. Eine kleine Schale Puchero, Fleischeintopf, stand als Vorspeise bald auf dem Tisch. Mit den Worten: „Das Bier ist sehr zu empfehlen, es wird nach deutschem Rezept gebraut", orderte sie zwei kühle Biere. Mir gefiel die selbstständige, unabhängige Art, wie sie alles in die

Hand nahm. Sie hatte keine Angst. Bei herzhaften Rindfleisch- und Hühnchenrouladen erzählte sie mehr über sich und ihre Mitwirkung in einer der traditionellen Candombe-Gruppen. „Wir tanzen immer Samstagnacht Candombe hier am Hafen, das ist unsere Tradition, um an die Wurzeln der Heimat unserer Vorfahren in Westafrika zu erinnern. Candombe ist sehr lebendig. Einige Verkäufer hier im Mercado machen ebenfalls mit beim Candombe, wir kennen uns alle. Candombe bringt uns unsere Identität zurück ins Bewusstsein. Ich habe allerdings keine Ahnung, aus welchem Land Afrikas meine Ahnen kamen, die Vorfahren von anderen lebten in Angola."

Sie hatte in der Universität in einem Seminar etwas über die Sklavenpreise der damaligen Zeit gehört und dozierte nun unerbittlich einige unglaubliche Zahlen, die sich in ihr Gedächtnis eingebrannt hatten. „Die Portugiesen bezahlten im 15. Jahrhundert am Senegal-Fluss für 25 bis 30 Sklaven mit einem alten Pferd. Am Kongo-Fluss bekam man für einen Hund 22 Sklaven. Im 17. Jahrhundert stiegen die Preise: ein Sklave kostete 17 englische Pfund. Im 18. Jahrhundert circa 30, Spitzenwert erreichten die Preise Anfang des 19. Jahrhunderts mit 80 Pfund. Für Heranwachsende gab es Preisnachlass."

Wir schwiegen eine Weile. Die Geräusche der Markthalle drangen durch die Verglasung der Garküche. „Candombe ist wichtig für uns und erinnert uns an den Geist der Freiheit und die afrikanischen Wurzeln und ist eine ernste Sache, selbst wenn wir inzwischen im Karneval ausgelassen und fröhlich sind." Sie schloss die Augen und begann eine alte afrikanische Melodie zu summen, erst langsam und leise, ohne rhythmische Kontur, dann stärker, schließlich mit Text und voller Stimme. Sie war nun ganz bei sich und hatte die Umgebung ausgeblendet. Die Gespräche im kleinen Restaurant verstummten, alle lauschten diesen überraschenden Klängen, einem schlichten, großartigen Gesang aus tiefem Herzen. Das Lied endete leise, sie öffnete die Augen, bedankte sich artig für den einsetzenden Applaus.

Ihr verstorbener Vater war ein wichtiger Clanführer der Afroamerikaner in Montevideo gewesen. Er kannte noch die alten afrikanischen Traditionen und Heilkünste durch seinen Großvater, der als Medizinmann großes Ansehen genossen hatte. „Monate vor seinem Tod hat mein Vater mir alles erklärt. Ich bin seitdem die Clanführerin." Sie sagte das mit trockener, fast beiläufiger Selbstverständlichkeit und meine Bewunderung wuchs.

Aus einer munter fröhlichen Studentin wuchs vor mir eine faszinierende und für mich von Stunde zu Stunde größer werdende Persönlichkeit. „Manchmal kommen alte Frauen, manchmal jedoch auch junge und wollen eine traditionelle Behandlung, oft hat es sogar geholfen. Sie nennen mich seitdem „Bebé Bruja-Baby-Hexe." Sie grinste verschmitzt, „Die Männer manchmal auch bruja hermosa – die schöne Hexe. Natürlich ist das nur ein Spiel, doch es verschafft mir Respekt und die wilden Männer, die Raubtiere der Nacht, lassen mich zufrieden, was hier leider nicht alle Mädchen sagen können." Sie schaute mich an und scherzte: „Wenn du willst, verzaubere ich Dich in eine weiße Maus oder einen großen Elefanten." Sie lachte laut auf, zog dann jedoch sofort kichernd das Angebot zurück, da sie nicht wüsste, ob sie mich wieder zurück verwandeln könne.

„Nun, unsere alten Gebräuche kommen mir bei meinem Psychologiestudium sehr gelegen", fügte sie jetzt ernsthaft hinzu, „in beiden Bereichen geht es um gute Menschenkenntnis. Eines Tages möchte ich drüben in Buenos Aires eine eigene Praxis eröffnen. Nirgendwo in der Welt gibt es mehr Psychologen als in Buenos Aires – der Bedarf ist enorm. Und es gibt wenige mit afrikanischen Wurzeln, ich bin mir sicher, dass ich dort Erfolg haben werde."

Der Nachtisch wurde aufgetragen und wir naschten abwechselnd von einer Karamelcreme Dulce de Leche, einem Obstsalat und einem Flan. Gerne wollte ich noch mehr über Candombe erfahren, sie schien mir die allerbeste Kennerin zu sein. „Früher war Candombe nie öffentlich, seit einigen Jahren veranstalten wir allerdings auch Konzerte und Shows zum Karneval, doch das ist nicht das Original. Wir behalten unsere Geheimnisse, wenn wir im Trancezustand mit unseren Vorfahren sprechen."

Es begann irgendwann Mitte des 19.Jahrhunderts. Weiße in Montevideo und Buenos Aires machten sich mit schwarz angemalten Gesichtern während des alljährlichen Karnevals und mit irgendwelchen Albernheiten über die afrikanische Kultur lustig. Das wiederum provozierte das Selbstverständnis der Afroamerikaner und wurde zum Anlass genommen, gemeinsam ihre eigenen Rituale und Wurzeln – das Original – wieder neu zu entdecken.

„Zum Tanzen brauchen wir die Kraft der Trommeln, mindestens drei, deren Felle am offenen Feuer gestimmt werden. Die Chico hat eine helle Klangfarbe, die Repique bereichert durch Improvisationen, die Piano ist die größte und damit der Bass. Wir tanzen verschiedene traditionelle Figuren zum Beispiel den Medizinmann, die alte Mutter und den Besenschwinger Chico usw."

„Wirst Du Candombe tanzen, heute ist Samstag?" Sie wich aus: „Nachts ist es zu gefährlich für Gringos. Alleine darfst du nicht kommen. Nur in Begleitung von Freunden aus der Gruppe." Sie lächelte etwas verlegen, als sie das Wort „Gringo" erwähnte, und fühlte sich sichtlich unwohl, mir diese Einschränkung zu erklären. „Vielleicht nächste Woche, dann üben wir für den Karneval: Heute ist unser Ritualtag, da geht es nicht." Wir verließen die Markthalle und nahmen ein Taxi zum Fluss.

Unterwegs sagte sie, dass sie viel über ihre eigene Geschichte erzählt habe und mir nun einen Ort meiner Geschichte zeigen wolle. Wir stiegen am Denkmal der Graf Spee aus, gingen einige Schritt zur Uferpromenade. „Hier liegt deutsche Geschichte auf dem Meeresboden." Sie deutete hinaus, in der Ferne ragte das Oberdeck der „Admiral Graf Spee" aus dem Wasser. Wir setzten uns auf eine flache Kaimauer. Sie hatte bewundernswertes Detailwissen und erklärte mir das Geschehen, welches sich hier 1939 ereignete und von dem der Rest des Panzerkreuzers wie ein Mahnmal aus dem Wasser zeigt. „Das Kriegsschiff wurde bei einem Seegefecht schwer beschädigt und dann vom Kapitän selber hier gesprengt, nachdem seine Mannschaft nach Buenos Aires evakuiert werden konnte. Hier ist der Rio de la Plata nur wenige Meter tief. Es brannte drei Tage und ragt seither vor unserer Küste aus dem Wasser. Nach dem Krieg blieb ein Teil der Mannschaft in Argentinien und pflegte deutsche Traditionen."

Candela brachte mich nach unserer Exkursion sicher zum Hotel zurück und ich dankte für einen wundervollen und erlebnisreichen Tag.

## Das Ritual

In meinem zentral gelegenen Hotel hatte ich mich bereits zum Schlafen zurückgezogen, als ich ein sehr leises dumpfes Geräusch vernahm. Zuerst meinte ich, der Klang käme von einer elektronischen Anlage des Hauses, bis ich eine einfache rhythmische Kontur erkannte. Ich öffnete das Fenster und mir wurde nun klar, dass da Trommeln auf der Straße erklangen, sehr weit entfernt, doch langsam näherkommend. Candela hatte mir erklärt, dass diese Gegend für einen Gringo nicht ganz ungefährlich sei. Heute war nun Samstag, und der Klang kam vom Hafen. Ich erlag der Versuchung, denn ich wusste nicht, ob ich jemals wieder eine ähnliche Gelegenheit haben würde. Schnell schlüpfte ich nochmals in Hemd und Hose und ging, dem Klange nachlauschend und von ihm geführt, in die Richtung des Hafens.

Der Trommelklang wurde lauter und die Beleuchtung spärlicher, nach einer Weile hörender Suche wehte am Hafen nur noch eine einsame Glühbirne über einer Straßenkreuzung im Wind. Vielleicht trug ich zu helle, touristische Kleidung, dachte ich in diesem Moment, hatte jedoch jetzt keine Zeit, länger darüber nachzudenken. Nur noch zwei Straßenecken und dann sah ich sie: eine Prozession vieler Tänzer und halbnackter Tänzerinnen verteilt über die gesamte Breite der Straße. Mit kleinen schnellen Tanzschritten, zu wilden Trommelrhythmen der nachfolgenden, krachend lauten Candombe-Trommeln bewegten sie sich sehr langsam wogend vorwärts. Es waren mindestens hundert Tänzer und etwa zwanzig Trommler. Die Trommeln geben den Takt vor und verbinden verschiedene rhythmische Muster zu einem pulsierenden Klanggewebe von ungeheurer Wucht und einer faszinierenden Gleichzeitigkeit von Geschwindigkeit und Zeitlupe. In einigen großen Momenten der Minimal-Musik des amerikanischen Komponisten Steve Reich ist ein ähnliches Phänomen zu entdecken. Hier nun auf der Straße, seit Generationen gelebt. Ich hatte mich etwas diskret in einen Hauseingang zurückgezogen, um unbeobachtet die rituelle Zeremonie vorbeiziehenden zu lassen. Und dann sah ich sie: Candela tanzte halbnackt zwischen Halbnackten im Zentrum der Tanzgruppe, mit geschlossenen Augen, sie schien bereits in Trance zu sein. Weder Studentin noch fröhliche junge Frau, hier war sie eine Flamme der Spiritualität. Candela, die Kerze, brannte als Medium. Über Generationen hinweg tanzte sie mit den Kräften ihrer Vorfahren. Alles drehte sich um sie herum, mit rasenden Schritten bewegte sie sich im Kreis, tanzte die positiven Kräfte des Himmels zur Erde herunter, verteilte diese an ihre Mittänzer. Hier tanzte eine Clanführerin.

Erst jetzt bemerkte ich, dass alle anderen Hauseingänge von dunklen Gestalten besetzt waren, die zu mir schauten und sich langsam erhoben. Mir fielen Candelas Warnungen ein und schlagartig hatte ich ein Gefühl, etwa gleich einer Maus im Anblick mehrerer Katzen. Unmöglich konnte ich jetzt alleine durch dunkle Nebenstraßen zum Hotel zurück gehen. Ich zog mir die Kapuze über den Kopf und beschloss, mich diskret der Candombe Gruppe in Richtung Licht der Innenstadt anzuschließen. Ganz ins Helle würden sie allerdings nicht tanzen. Die dunklen Gestalten der Hauseingänge hatten sich unter die Tänzer gemischt und als ich die erste hellbeleuchtete Avenida erblickte, löste ich mich zügig und schnellen Schrittes von der Gruppe und war froh, unversehrt das Hotel erreicht zu haben. Einerseits haderte ich mit mir, dass ich mich einer möglichen Gefahr ausgesetzt hatte, andererseits war der nächtliche Ausflug, diese Begegnung mit einer lebendigen Kultur einer alten Zeit, ein zutiefst bewegendes Erlebnis.

Es war bereits spät, als mich leises Türklopfen weckte. Erneutes zartes Pochen. Ich stand auf, ging an die Tür und fragte, wer da sei. „Ich", klang es zaghaft. In der Tür stand Candela, in einen leichten Frühlingsmantel gehüllt. Sie schaute schüchtern und erschöpft. „Es tut mir sehr leid und ich wollte dich wirklich nicht stören, nur, ich habe eine Bitte." Es stellte sich heraus, dass sie bei unserem raschen Aufbruch im Goethe-Büro ihren Wohnungsschlüssel vergessen hatte. Nach dem Candombe Ritual am späten Abend lief sie zurück zum Büro, in der Hoffnung, den Nachtwächter zu treffen, ohne Erfolg. Sie könne zwar bei ihrer Schwester übernachten, dazu müsste sie jedoch zehn Kilometer durch die Nacht laufen, ihr letzter Bus war bereits weggefahren. „Ich dachte, ich dürfte Dich fragen, ob ich heute Nacht vielleicht bei Dir auf dem Teppichboden schlafen könnte." Es war ihr peinlich. Angerührt von ihrem entwaffnenden Vertrauen, bat ich sie herein, sie hatte mir einen wundervollen Tag geschenkt und war selbstverständlich willkommen. Ich fügte auch hinzu, dass sie sich keine Sorgen machen müsse: „Ich verspreche Dir, ganz brav zu sein. Du musst nicht auf dem Boden schlafen: Wenn Du möchtest, können wir uns sehr gerne mein viel zu großes Bett teilen, eine komplette Familie könnte darin schlafen." Sie strahlte, als ich ihr empfahl, nach dem anstrengenden Tanz erst einmal eine heiße Dusche zu nehmen und nutzte ausgiebig das Angebot. Ihre Haare weiter mit einem Tuch trocknend trat sie nackt aus dem Bad, eine dunkle Eva, das Bild einer großen Versuchung jugendlicher Frische. Nur, sie hatte mein Wort. Sie blickte lächelnd, offen und ohne Scheu, strich sich mit einer Hand die wuschelig gelockten Haare aus dem Gesicht, hier und da glänzten Wassertropfen auf ihrer zartbraunen Haut. Ich war irritiert – und für eine ewig lang erscheinende Sekunde lagen Versprechen und Versuchung im Konflikt. Sie überließ mir die Entscheidung. Allerdings, diesen Moment großen Vertrauens als simple Gunst der Stunde auszunutzen, das wäre zu einfach, wäre auch schäbig und banal gewesen. So blieb es ein Geschenk des Himmels. Um die Situation aufzulösen und meine eigene Unsicherheit zu verbergen, erwähnte ich mit beiläufigem

Tonfall: „Ich kenne bereits viele Details von Dir. Ich habe Dich heute halbnackt auf der Straße tanzen gesehen." „Du warst dort?", fragte sie erschrocken, „und ist Dir nichts passiert?" Sie kannte die Raubtiere der Nacht. Ich konnte sie beruhigen und erleichtert schlüpfte sie unter die Decke, rollte sich zusammen und mit den Worten: „Danke, großer Freund" war sie nach kurzer Zeit eingeschlafen. Ich hielt mich eine Zeitlang wach und genoss als Kostbarkeit den Klang ihres ruhigen Atems in meiner Nähe. Gedanken an den nächsten Morgen hielten mich noch lange wach. ...... Am nächsten Morgen war sie verschwunden und hatte einen Zettel hinterlassen: „Grazie, großer Freund und Bruder." Zwei Tage später traf ich Candela im Goethe Büro. Sie lief auf mich zu, hielt verschwörerisch diskret den Zeigefinger vor ihren Mund und bedeutete mir, nichts über unser gemeinsames Erlebnis verlauten zu lassen. Sie kam ganz nah und flüsterte mir ins Ohr: „Grazie – ich habe keine Alpträume mehr."

# MERCADO II

Mehrfach führten mich Reisen nach Montevideo, und jedes Mal besuchte ich den Mercado, den Ort guter Erinnerungen, nun allerdings ohne die lebensfrohe Candela. Sie hatte nicht nur ihr Leben geträumt, sondern sich ihren Traum erfüllt und nach ihrem Studium eine gut gehende Praxis in Buenos Aires eröffnet.

Meine Lieblingsgarküche hatte etwa die Größe einer deutschen Currywurstbude, mit einem exquisiten Angebot feinster kleiner Hühnerbrustrouladen, gefüllt mit ungewöhnlichen Kräutern, etwas Speck und geheimnisvollen Zutaten, die mir leise zuriefen: „bitte iss mich, iss mich." Oft hatte ich diesen Meister der Hühnerbrustrouladen-Gaumenfreuden gemeinsam mit Freunden besucht, er kannte mich schon und suchte immer ein besonderes Stück für mich heraus. Der Mercado war am frühen Abend nur noch eine halbe

Stunde lang geöffnet, doch das reichte wohl noch für den Lieblingsschmaus. An diesem Tag kam ich allein, was sofort registriert wurde. „Lieber Freund", sagte der Wirt sehr ernst, „gleich schließt der Mercado, dann ist diese Gegend nichts für Gringos wie dich. Du gehst nicht alleine aus dieser Halle, wenn Du fertig bist, bestelle ich Dir ein Taxi direkt vor den Halleneingang und keine fünf Meter weit entfernt." Mir war die Gefährlichkeit des Ortes erst jetzt wieder bewusst, alles sah hell, freundlich und belebt aus, doch zum Zeitpunkt der Schließung ist man in diesem Distrikt einsam und verlassen. Das Taxi hielt unmittelbar vor der Tür, der Wirt ließ mich nicht aus den Augen und begleitete mich noch zwei Schritte hinaus zum Taxi, an den Ecken warteten bereits die Raubtiere der Nacht.

# Eine Verbeugung: Tannat

Unter den guten Weinen gibt es einen König: den dunklen Tannat aus Uruguay. 1870 wurde die Rebe von französischen Basken nach Uruguay gebracht, dort erst entfaltete sie ihre Möglichkeiten. Die Reben wachsen einfach am besten in Uruguay. Kenner nennen sie die Rebe Gottes.

Der Tannat besitzt gut viermal so viel vom gesunden sogenannten Procyanidin wie andere Weine und gilt damit auch als „gesündester" Rotwein überhaupt. Tannat wird als der Migrant, der Besondere bezeichnet, ein Kultwein also, den ich immer schon einmal kennenlernen wollte.

Anlässlich eines unvergesslichen Besuchs in der Wohnung der beiden Komponisten Graciela und Coriun in Montevideo lernte ich viele wunderbare Partituren kennen und begegnete bei einem köstlichen Essen erstmals dem berühmten, charaktervollen Tannat, diesem Immigranten aus der alten Welt, der auf sonderbare Weise Eigen-schaften repräsentiert, die mir in den Sinn kommen, wenn ich an Graciela und Coriun denke: Identität, Authentizität, Gradlinigkeit, Komplexität und Sinnlichkeit.

Schräg gegenüber von Buenos Aires, auf der anderen Seite des Rio de la Plata, liegt Montevideo, die Hauptstadt Uruguays. Dieses Land wurde als ausgleichender Pufferstaat zwischen den Großmächten Brasilien und Argentinien gegründet. Anfang des 20. Jahrhunderts kamen nicht nur Einwanderer aus Italien oder Spanien, sondern auch aus Osteuropa ins Land und es entstand eine andere gesellschaftliche Athmosphäre als im gegenüber liegenden Buenos Aires. Der Eindruck des etwas herunter gekommenen Straßenbildes täuscht: Das Land entwickelte nach europäischem Vorbild in Zeiten großen Wohlstandes das vermutlich beste Sozialsystem Südamerikas. Und man ist hier sehr genau: Wenn ich zu einem Dirigat eingeladen wurde, war der Probenplan bereits Wochen zuvor geklärt und das ruhige Hotelzimmer für einen Nichtraucher reserviert. Uruguay wirkte auf mich korrekt und präzise wie eine Schweizer Uhr. Das Konzertpublikum verhält sich auch bei den spektakulärsten Darbietungen verhalten diskret. Der Applaus ist von lakonischer Kürze, auch große Solisten erhalten meist nur Applaus für einen Vorhang, das muss reichen.

Man sagt den Bewohnern Montevideos eine vielschichtige Mentalität nach. Einerseits wird Buenos Aires die Erfindung des Tangos streitig gemacht, was für einen Hang zur Melancholie spricht, andererseits sind sie von fast preußischer Korrektheit und quälender Selbstkritik: Wer das Land bereisen möchte, sollte besser keinen Reiseführer eines Autoren aus Uruguay lesen: Die vielen Einschränkungen, die Relativierungen und die permanente Reflektion und das andauernde „ja – aber" lassen den Wunsch ermatten, das Land als Tourist zu bereisen.

Hier wirken Coriun und Graciela, zwei lebende Diamanten, die nicht nur wunderbare Werke komponieren und Artikel und Bücher publizieren, sondern auch mit leuchtender Kraft und selbstloser Hingabe über Jahrzehnte lateinamerikanische Musik sammeln und sich damit um die Identität eines ganzen Kontinents verdient gemacht haben.

Es muss 1984 gewesen sein: Das Ensemble Modern bereitete sich auf eine Lateinamerikareise vor, mit Helmut Lachenmann als Composer in residence, ich betreute die Tournee als Dirigent. Argentinien hatte sich soeben von seiner Militärdiktatur befreit, in Uruguay stand dieser Schritt unmittelbar bevor.

Wir diskutierten im Ensemble das Programm, darüber hinaus jedoch auch, ob man zum Beispiel in das Chile eines Pinochets reisen sollte. Die Ensemblemitglieder waren politisch sensibilisiert, auch wollten wir nicht nur Musik importieren, sondern unbedingt auch Musik aus Lateinamerika spielen. In die nächtelangen Diskussionen über das Tourneerepertoire platzte ein großer Karton mit Manuskripten lateinamerikanischer Komponisten hinein, gesammelt von allen Goethe-Instituten des Kontinents. Großartig in seiner Vielfalt aber ernüchternd im Detail.

Identität und ästhetische Globalisierung wurden mit einem Male ein neues Thema im Ensemble, und schon waren wir inmitten des ästhetischen Dilemmas vieler Komponisten Südamerikas zu Beginn der achtziger Jahre des letzten Jahrhunderts: Man erkannte in den Kompositionen meist die kompositorischen Vorbilder und Idole aus Europa und den USA. Identität erschöpfte sich weitestgehend in folkloristischen Zitaten und Klischees.

Doch dann fanden sich drei Juwelen mit einem seltsam eigenen Idiom: Komponisten, die so ganz anders waren als die anderen, und schon war sie da, die Begeisterung für die Werke von Coriún Aharonián und Graciela Paraskevaídis aus Montevideo, und auch für Mariano Etkin vom anderen Ufer des Rio de la Plata.

„Los cadadías" und „¿Y ahora?" für Klavier von Coriun sind seither ständige Begleiter in meinen Programmen geworden, sie bildeten den Grundstock für eine sehr intensive Auseinandersetzung mit der neuen Musik Lateinamerikas und legten, zusammen mit Werken von Graziella und Mariano Etkin, den Grundstein für eine europaweit einzigartige Pflege zeitgenössischer Musik aus Lateinamerika in der Musikszene Freiburgs im südbadischen Schwarzwald.

„Los cadadías" (1980) für Klarinette, Posaune, Cello und Klavier ist ein scheinbar karges Stück, aufregend und kraftvoll. Die unendlich große Vielfalt der Möglichkeiten zwingt jeden guten Komponisten zu einer strengen Materialauswahl, um es anschließend im Kompositionsprozess zu expandieren. Coriun traf bei „Los Cadadias" eine Radikalentscheidung: Die klanglichen Möglichkeiten der Instrumente wurden auf eine einzige Tonhöhe bzw. auf einen Clusterklang im Klavier reduziert, um mit diesem einzigen Ton wechselnde Gestalten, Symbole, Signale, Zitate, Nähe, Ferne, Zorn, Verspieltheit, Marschrhythmen, Trauer und Freude auszudrücken. Die konsequente Reduktion verleiht dem Stück eine emotionale Dichte und meisterhafte Strenge. Die Proben mit Coriun in Deutschland vor der Abreise des Ensembles nach Lateinamerika waren instruktiv und unerbittlich. Das Stück hat sich bei allen Beteiligten eingebrannt. In der Folge entwickelte sich eine fruchtbare Zusammenarbeit, und ich freute mich, Aufführungen ihrer Werke in aller Welt vermitteln zu können. Der eingangs erwähnte Tannat inspirierte mich zur Anfrage an Graciela, für das Freiburger Schlagzeugensemble ein Quartett zu komponieren, das nur Kleininstrumente benötigt und dadurch besonders tourneegeeignet ist. Das Resultat „Piezas de bolsillo" für vier Perkussionisten aus dem Jahre 1999 war perfekt: Es sind „Taschenstücke" für Instrumente, die ins Handgepäck beziehungsweise sogar in die Hosentasche passen. Wir spielten es in der Folge auf vielen Festivals: in Odessa, der Mongolei, Kirgistan, China, Vietnam. Für das aktive Musizieren gibt es in fast allen Sprachen das wunderbare Wort „spielen". Wir spielen Klavier oder Geige. Keinesfalls heißt es: wir arbeiten Geige oder Klavier. Mindestens 10.000 harte Übungsstunden trennen den Amateur vom Profi, und doch bewahren wir uns das Wort spielen so ernst und heiter, wie ein Kind spielend die Welt begreift, so selbstverständlich gehört diese Lockerheit und Ernsthaftigkeit zum musikalischen Spiel, dem lebendigen Musizieren. Graciela gelang in ihren „Taschenstücken" nicht nur eine ausgesprochen handliche Schlagzeugkomposition, sondern auch ein Brückenschlag von Spielregeln und Zitaten aus Kinderspielen und -liedern zur hochvirtuoser Körpergestik. Kleine Hölzer klingen wie die rhythmische Struktur eines Kinderliedes, ein Sortiment von Glöckchen lässt ein zauberhaftes Wechselspiel von Ferne und Nähe erfahren, etwa wie bei einem Carillon von John Cage, Klatsch-Rhythmen beginnen wie ein Kinderreim und wandeln sich zu einer fast akrobatischen Body-Percussion-Studie.

Zu den wundervollen Stunden in der Wohnung Gracielas und Coriuns mit dem inspirierenden Tannat-Wein und den ebenso inspirierenden Gesprächen gehörte auch ein Gang durch die Sicherheitstüren unterm Dach ins Allerheiligste: zur Sammlung praktisch sämtlicher lateinamerikanischer Kompositionen. Eine Art Gedächtnis der Musik Lateinamerikas ruht hier in Montevideo. Einer unglaublichen Sammlung von Tonträgern und Partituren boten Graciela und Coriun auf dem Dachboden Sicherheit und Schutz.

Sie waren Leuchttürme in einer Zeit südamerikanischer Militärdiktaturen. Coriun und Graziela haben durch ihr Wirken viel Phantasie in unsere Welt gebracht, sie hinterfragen kritisch die kleinen und großen Details. Für viele haben sie dadurch die Sicht auf die Welt klarer werden lassen.

# Zurück in Freiburg

Mein Blick fiel eher zufällig auf das Weinregal in einem Supermarkt. Dort, im untersten Regal für Billiges, standen, eingeklemmt zwischen all der Durchschnittware, Flaschen, die geheimnisvoll dunkler waren als alle anderen. In sich bargen sie stolz einen der besten Weine der Welt, den die Kenner die Traube Gottes nennen und für den sie viel Geld bezahlen: Ein echter Tannat aus Uruguay …

Es muss irgendein filmreifer Zufall gewesen sein, der diesen König unter den Weinen zwischen minderwertigen Allerweltsgetränken und eben auch noch zu deren Preisen in einem Supermarkt stranden ließ. Sofort wurde mein Schutzinstinkt geweckt: Ich erwarb die gesamte Palette Tannat dieses Marktes, um die Flaschen an gute Freunde zu verschenken.

.......

# Kapitel V

## GUATEMALA

Künsterlisches Handeln hat soziale Konsequenzen, künstlerisches Nicht-Handeln ebenfalls.

In Venzuela hat man das vor Jahren erkannt und lange vor der augenblicklichen Krise mit El Sistema ein Jugendorchester-Konzept aufgebaut, mit dessen Hilfe begabte Jugendliche aus den Slums der Städte herausholt werden. Man bietet ihnen eine Instrumentalausbildung und führt sie in vielen lokalen Jugendsinfonieorchestern zusammen. Venezuela hat weltweit die größte Dichte an Jugendorchestern. El Sistema ist ein erfolgreiches Sozialprojekt, das von den einen hymnisch beklatscht und von anderen als Regierungspropaganda kritisch kommentiert wird. In der Tat fehlt bislang eine objektive Evaluation. Die negative Kritik an diesem Projekt basiert ebenso wenig auf überprüfbaren Fakten, wie die euphorischen, positiven Kommentare. Auch der Vorwurf, mit El Sistema werde europäische Musik favorisiert und man solle traditionelle Musik propagieren, ist naiv, denn das, was man als Folklore bezeichnet, ist ebenfalls längst von westlichen Einflüssen überlagerte Tanzmusik und in den Kleinstgruppierungen der lokalen Bandas keinesfalls mit der Ensembleerfahrung in einem Sinfonieorchester zu vergleichen. Venezuela ist nun mal von seiner Bevölkerungsstruktur her gesehen ein sehr stark europäisiertes Land.

Ensemblespiel ist nicht nur eine musikalische Gattungsform, sondern auch eine innere Haltung: Als Musiker in einem klassischen Ensemble übernehme ich vorübergehend Verantwortung und gebe sie wieder zurück. Als Orchestermitglied darf man erwarten, dass man mir zuhört und ich anderen zuhöre. Es ist ein andauerndes Wechselspiel der Verantwortlichkeiten und ein wunderbares Modell für eine friedliche Gesellschaft. Dies ist der zentrale soziale Wert eines Orchesters, mehr als das Glanzerlebnis eines Konzerts oder einer Reise. Diese wertvolle Orchesterarbeit ist durch nichts zu ersetzen und bleibt hoch aktuell. Im Zentrum steht der Erwerb sozialer Kompetenz. Gleichgültig, ob das Mitglied von der untersten oder einer mittleren Schicht kommt, Sozialkompetenz können alle gebrauchen. Man wird mit El Sistema keine sozialen Ungerechtigkeiten beseitigen, allerdings werden dadurch viele junge Menschen für soziale Fragen sensibilisiert.

Diese Orchesteridee als Sozialprojekt wurde vor 40 Jahren von José Antonio Abreu begründet, und es gelang ihm, nicht etwa vom Kulturministerium, sondern vom Gesundheitsministerium eine finanzielle Unterstützung zu bekommen.

Künstlerisches Handeln in Verbindung mit geeigneten Vermittlungskonzepten wird auch in unserer Gesellschaft eine künftig wichtiger werdende Funktion bekommen. Kunst und Kultur dienen der Identität einer Gesellschaft und sind keinesfalls nur Dekoration des Alltags. El Sistema aus Venezuela strahlt aus in benachbarte Regionen und so wurde in Zentralamerika damit begonnen, ebenfalls ein „Zentralamerikanisches Jugendorchester" nach dem Muster von El Sistema einzurichten. Guatemala, El Salvador, Honduras, Nicaragua und Costa Rica waren schon in der Vergangenheit politisch eng miteinander verbunden, und so wurde ein System entwickelt, junge Talente aus diesen Ländern in Spezialkursen auszubilden und in einer Orchesterarbeit zusammen zu bringen. Das Bundesjugendorchester (BJO) Deutschlands wurde um Unterstützung, insbesondere um lehrende Gastdozenten, gebeten. So kam ich 2015 erstmals nach Guatemala.

Einige Exkursionen während meines Aufenthalts haben mir einen Einblick in die landschaftliche Schönheit des Landes vermitteln können. Das zentrale Hochland liegt im Durchschnitt etwa auf 1.500 Metern, das Klima ist frühlingshaft weich, angenehm und mild. An der Küste verbrennt man sich die Füße im viel zu heißen Sand des Strandes.

Guatemala-City hingegen ist ein urbaner Unort und gefährlich wie der Dschungel, ein Ort ohne Vergangenheit und ohne Zukunft. Der Krebs der Gewalt und der Durchökonomisierung hat die Gesellschaft zersetzt. Die Fußgängerzonen im Zentrum wirken friedlich, bis man bemerkt, dass an jeder Straßenecke und vor den meisten Geschäften Security mit Maschinenpistolen steht. Es ist ratsam, sich in „gesicherten" Distrikten zu bewegen und in den ersten Tagen eines Aufenthalts allmählich ein Gefühl dafür zu entwickeln, welche Straße man betreten kann und welche besser nicht.

Einfache Restaurants bieten in ihren Innenhöfen zwischen tropischen Pflanzen Orte der Ruhe. Dort hört man in den Abendstunden die berühmten Marimbagruppen: drei bis vier Musiker an einer übergroßen Marimba, dazu leckere Hühnchen im Bananenblatt oder eine köstliche Suppe. Das typische Frühstück besteht aus guatemaltekischen Spezialitäten, dunklem Bohnenmus, Tortillas und Kochbananen.

Am ersten Tag meines Aufenthalts wurde unweit meines Hotels ein Gefangenentransporter mit Granaten überfallen, am nächsten Tag ein Krankenhaus angegriffen, ebenfalls mit Granaten. In beiden Fällen gab es mehrere Tote. Offenbar werden hin und wieder Busfahrer erschossen, die ihr Schutzgeld nicht bezahlt haben; dann streiken die Busfahrer. Jeden Tag wird in den Medien über Gewaltdelikte berichtet. Gewalt scheint in einem besonderen Maße ein Teil dieser Gesellschaft zu sein, viele haben resigniert und sich mit den Verhältnissen abgefunden. Man erkennt kein Netzwerk der Solidarität, jeder lebt und kämpft für den Augenblick, eine Planung scheint nicht möglich zu sein – Verkehr, Morde, No-Go-Areas. Guatemala empfand ich als verwundetes Land, die Hauptstadt als traurig melancholischen Ort.

# Der kleine Park

Der kleine Park gegenüber dem Konservatorium ist ein guter Ort, um sich im Schatten großer Bäume auszuruhen. Mit gut 60 Schritten hat man diese Oase der Ruhe inmitten einer lärmenden Stadt durchschritten. Die Wege der drei Zugänge treffen sich im zentralen Rund, welches mit einem Standbild eines vor 100 Jahren bedeutenden Dichters ausstaffiert ist. Ein sympathischer Gärtner kümmert sich um die tägliche Bewässerung und Pflege aller Pflanzen an diesem Zauberort.

Die Blumen bedanken sich für diese Sorgfalt mit einer farbigen Blütenpracht, die Bäume bewegen dazu ihre Kronen in majestätischem Selbstbewusstsein, um die Ruhe innerhalb des Parks gegen das klingende Chaos von außen zu verteidigen. Hier verbrachte ich meine täglichen Pausen. Ich holte einen Kaffee vom Kiosk und setzte mich auf eine Parkbank. Auch Obdachlose vom unteren Ende der sozialen Skala suchten den kühlen Schatten , mit einigen von ihnen freundete ich mich an – eine fast familiäre Atmosphäre.

Ich brachte etwas zum Knabbern, sie erzählten mir aus ihren krausen Lebensläufen. Fatale Alkoholerfahrungen hatten die meisten von ihnen ins Abseits gebracht. Alle begannen in bürgerlichen Berufen, einer fuhr zur See, ein anderer hatte deutsche Vorfahren und opferte seine aussichtsreiche Militärkarriere dem Alkohol.

„Hola, Professor, schau mal, was ich gefunden habe", am Ende der Woche hatte der Obdachlose Pedro eine junge Taube in der Hand und lächelte mich mit seinem fast zahnlosen Mund an. „Sie ist aus dem Nest gefallen, und ich überlege, ob und wie ich sie zubereite." Der kleine Vogel schaute vertrauensvoll mit dunklen, runden Augen aus den schrundigen Händen hervor und hatte alles Vertrauen seiner Vogelwelt in diese Hand gelegt. „Wahrscheinlich ist nichts dran an den kleinen Knöchelchen. Satt kannst Du davon nicht werden. Lass ihn frei, oder wenn Du Dich um ihn kümmerst, wirst Du einen Vogelfreund bekommen, der Dich begleitet." Pedro wurde nachdenklich und wog die Alternativen hin und her und entschied sich, künftig einen Vogelfreund zu haben.

Einmal hatte er mir erzählt, warum er seine Karriere als Matrose auf Handelsschiffen durch den Alkohol beenden musste. Detailgenau konnte er die Häfen von Marseille, Genua und Neapel beschreiben, er hatte viel von der Welt gesehen und kannte auch Kneipen im Hafen von Lissabon und Barcelona. Sie sind ihm offenbar zum Verhängnis geworden.

„Wie geht es Deinem Fuß?", fragte ich. Er nickte versonnen seinem Vogel zu. Zwei Tage zuvor hatte er mich mit den Worten begrüßt: „Professor, Du musst mir helfen, schau bitte, was mit meinem Fuß passiert ist."

Er saß wie jeden Tag auf einer Bank im Schatten der hohen Bäume umrahmt von Blumenrabatten und erklärte, wie er am Abend zuvor im betrunkenen Zustand am Straßenrand gestürzt war und jetzt eine schmerzhafte Zerrung im Fuß hätte.

„Professor, Du bist ein richtiger Professor und weißt, was zu tun ist. Bitte schau dir meinen Fuß an." Und er begann den Verband abzuwickeln. Mich beschämte sein Vertrauen in einen Titel, der bei solchen Gelegenheiten wertlos ist. Doch hätte ich ihm das gesagt, wäre sein kindliches Urvertrauen verletzt worden, er war überzeugt, dass ein Professor immer über alles Bescheid wissen muss. Ich war für ihn ein Professor aus Deutschland, der ihm helfen kann. Ich wollte ihn nicht enttäuschen.

Er hatte den Verband abgelegt und streckte mir den rotgeschwollenen Fuß entgegen, der seit mindestens einer Woche nicht mehr gewaschen worden war. „Hier, schau bitte mal". Er sah mich hoffnungsvoll an. Ich musste irgendetwas tun. Ich tastete vorsichtig den Fuß ab, drückte sachte hier und dort, ob es Stellen gibt, die besonders schmerzten. „Warst Du schon bei einem Arzt?" fragte ich ihn, während ich nach einer Lösung suchte, wie ich ihm helfen könnte. Er nickte und mir fiel in diesem Moment eine kleine Dose Nivea in der Jackentasche ein, die ich immer bei mir trug, um die Lippen gegen Trockenheit zu schützen. Ich kramte nach der Dose.

„Hier habe ich etwas" sagte ich und begann seinen Fuß ganz zart einzucremen. Abschließend erhielt er den Rat, seinen Fuß in den nächsten Tagen nicht stark zu belasten, möglichst lange hier auf der Parkbank zu bleiben und das Bein hochzulegen. „Es wird sich entspannen. Wichtig ist jetzt: keine unnötige Bewegung und keine Belastung." Ich war ehrlich bemüht, diesem armen Kerl zu helfen und sei es durch einen Placeboeffekt.

Pedro genoss, dass sich jemand um ihm kümmerte, ihn berührte und keine Scheu zeigte, diesen Fuß, der im Straßendreck viel erlebt hatte, zu behandeln. Er nickte dankbar und wickelte erneut seinen Verband um den Fuß. Am nächsten Tag wurde ich von ihm lachend begrüßt: „Professor, es ist schon viel besser geworden. Es tut fast nicht mehr weh, Gracias."

Dieser Park mit seinen Obdachlosen war der einzige Ort, an dem ich so etwas wie einen Gemeinsinn in der Gesellschaft von Guatemala City spürte. Alles haben sie untereinander geteilt: das Brot, die Zigaretten, einer brachte an diesem Tag Tomaten und eine Zwiebel, ein anderer hatte etwas Salz und ein Fläschchen mit Öl. Gemeinsam bereitete man auf einem Blech in aller Ruhe im Schatten hoher Bäume einen Salat, diskutierte, wieviel Salz und Öl in den Salat sollten. Jeder bekam ein wenig in seine groben Hände – man aß mit Genuss. „Professor, du brauchst das nicht, du kannst dir das selbst kaufen."

Erkenntnisse und intensive Gespräche verdankte ich diesen Menschen, die ganz unten angekommen waren und mit den Straßenhunden um Essensreste kämpfen mussten und trotzdem auch ein Netzwerk der Solidarität und Menschlichkeit bildeten. Der über viele Generationen während Zustand der Ausbeutung und Korruption hat das Land zermürbt. Der Bürgerkrieg war 1996 nach 36 Jahren beendet worden. Er hatte 200.000 Menschen das Leben gekostet. Durch einen gewissen General Efrain Ríos Montt bekam die Bekämpfung der indigenen Bevölkerung während der Diktatur Züge eines Genozids. Ganze Landstriche wurden flächendeckend bombardiert. Schwere Konflikte zwischen Regierungen und Dro-

genkartellen kamen hinzu. Die unruhigen Provinzen im Nachbar-
land Mexico waren ebenfalls daran beteiligt.

Die indigene Bevölkerung hat inzwischen begonnen, sich langsam, doch stetig aus einer langen Periode der Verfolgung und
Benachteiligung selber zu befreien. Viele Initiativen helfen dabei,
sich friedlich und politisch erfolgreich neu aufzustellen.

In dieser Gesellschaft sind Angebote für die Kreativität wichtig. Angebote und Ideen für die junge Generation. Künstler haben
viele Freiheiten, aber wir dürfen sie auch in die Pflicht nehmen, die
Phantasie in der Welt zu halten. Ein gut konzipiertes Angebot kann
in diesem komplexen sozialen Umfeld eine ganz besonders positive
Rolle spielen, im Musikbereich zum Beispiel in Ensemblearbeit, wie
El Sistema es zeigt.

Für meine Lectures brachte ich acht Kilo Noten mit. Musikunterricht bedeutet allerdings auch, fundamentale Dinge zu klären,
einfache Vorschläge für Strukturen, Arbeitskonzepte und Übungs-
strategien zu machen, Prioritäten zu setzen, Wichtiges vom Unwich-
tigen zu trennen, klare, kleine Ziele festzulegen, kontinuierlich auf
jedes Ziel hin zu arbeiten. Ansprüche, die in diesem Alltagsumfeld
eine Herausforderung sind.

Eine Grundvoraussetzung für ein erfolgreiches Ensemblespiel
ist ein gemeinsamer Beginn. Also ist Pünktlichkeit unerlässlich. Ich
entdeckte meinen altmodischen Hang zur Genauigkeit. Im Allge-
meinen hat man sich daran gewöhnt, die Umstände und das Ver-
kehrschaos für alles verantwortlich machen zu können, also auch
für die eigene Unpünktlichkeit. Bei einem Fußballspiel wird es
bereits akzeptiert: es kann erst beginnen, wenn alle Spieler auf dem
Platz sind. Ich bat die Musiker, warm eingespielt an  einer Probe
teilzunehmen. Das Aufwärmen dauert etwa 30 Minuten, sie hätten
also immer 30 Minuten früher kommen müssen. Natürlich war es
wieder der Verkehr und überhaupt die Umstände, so dass man keine
halbe Stunde früher kam. Jetzt allerdings waren alle zur gemeinsamen Probenarbeit pünktlich anwesend. Ein Talent kann sich nur in
Verbindung mit Ausdauer und Fleiß und weiteren Sekundärtugen-

den entfalten. Ein berühmter Tennis-Coach in den USA brachte es auf den Punkt: „Der Unterschied zwischen Amateur und Profi sind 10.000 Stunden Training". Das gilt auch für Musiker.

# Casa Santo Domingo in Antigua

Das Wochenende hat mich gerettet. Ich fuhr für zwei Tage in die wunderschöne, ehemalige alte Hauptstadt Antigua. Im Gegensatz zur Hauptstadt ist hier die Landschaft großartig: Vulkane und Seen. In Antigua gab es eine kulinarische Überraschung im Casa Santo Domingo, dem anerkannt besten Fünf-Sterne-Hotel Lateinamerikas mit Park, Museum, Hotel und Restaurant. Jeder Reiseführer empfiehlt, unbedingt diesen Ort zu besuchen und zumindest einen Kaffee zu trinken.

Man betritt ein großzügiges Anwesen über eine Parklandschaft mit tropischen Pflanzen und Papageien. Die Ruinen eines ehemaligen Klosters aus dem 16. Jahrhundert, das einem Erdbeben zum Opfer fiel, wurden vor einigen Jahren restauriert und in besagtes Hotel-Restaurant Casa Santo Domingo umgewandelt. Neugierig auf die vielgepriesene Küche bestellte ich ein Menu in mittlerer Preislage. Ich wurde nach meiner Nationalität gefragt, und kurz darauf wurde außer einer Karaffe mit kühlem Wasser und einem kleinen Gruß aus der Küche als Appetizer auch eine kleine Deutschlandfahne auf den Tisch gestellt. Ich war zuerst irritiert, doch dann erst entdeckte ich, dass überall kleine Fähnchen standen: aus vielen Ländern, wie eine kleine UNESCO-Versammlung.

Als Vorspeise gab es Shrimps auf einem Streifen marinierter Wassermelone und dünnen Avokado-Scheibchen, zwischen denen noch zarte Schnittchen köstlicher Palmenherzen ruhten, streichholzgroße, hauchdünne Apfelstreifen bildeten ein zartes Dach, das mit dem Schaum einer geräucherten Ananas (!!) abgedeckt wurde.

Eine unvergessliche Begegnung mit einer sich im Mund bildenden Praline aus Frucht und fruchtigen Raucharomen.

Der Hauptgang war ebenfalls bemerkenswert: Lokale Beilagen zu einem sehr fein behandelten Steak, dazu ein wunderschönes Gläschen Savignon blanc aus Chile und am Ende einen hervorragenden guatemaltekischen Kaffee. Zufrieden ergreife ich danach nochmals die Speisekarte und lese nun erst die ausführliche Beschreibung des Anwesens und bin überrascht: Chefkoch und ein zweiter Koch wurden von Bocuse ausgebildet, in Lyon im „Paul Bocuse Institut für Hotellerie und Kulinarische Kunst", bei einem der besten und berühmtesten Köche des 20. Jahrhunderts. Jetzt kochen sie in einem kleinen und sehr, sehr feinen Ort am Ende der Welt....

# Pyramiden von Iximché

Iximché liegt auf einem bewaldeten Bergplateau in einer Höhe von 2.200 Metern und etwa 90 Kilometer von Guatemala City entfernt. Einst ein Kult- und Herrschaftszentrum der Cakchiquel-Maya und die bedeutendste Tempel- und Palaststadt der Hochland-Maya.

Das Hochland Guatemalas wurde lange Jahre von rivalisierenden Mayastämmen beherrscht. Die Cakchiquel zogen sich vor den Quiché in die Berge zurück und gründeten um 1470 ihre neue Hauptstadt Iximché. Nach der Ankunft der Spanier unter der Führung von Hernan Cortez im Jahre 1519 in Zentralmexiko sandten die Cakchiquel eine Mitteilung an Cortez und baten um Hilfe gegen ihre Feinde, die Quiché.

Man wundert sich über die Berichte in den Geschichtsbüchern, wie es einer Handvoll Spanier gelang, nach und nach einen ganzen Kontinent zu erobern. In Iximché findet man eine Erklärung: Es waren die Goldgier der Spanier und ihre brutalen Methoden der

Unterwerfung. Doch es wurde ihnen auch oft zu leicht gemacht, indem sie nämlich geschickt lokale Feindseligkeiten für eigene Zwecke nutzten und immer mehr Verbündete fanden. So auch in Iximché: Mit Hilfe von Cortez' Männern wurden die Quiché besiegt und ihr Anführer getötet. Die Spanier hatten geholfen und erwarteten allerdings nun ihrerseits die Unterstützung bei den kriegerischen Auseinandersetzungen im Westen. Wegen der Goldgier der Spanier kam es jedoch bald darauf zu Aufständen der indigenen Bevölkerungsgruppen, die sich jedoch kurze Zeit später in die Berge zurückzogen, woraufhin die Spanier ihnen den Krieg erklärten und Iximché in Brand setzten und die Pyramidenstadt zerstörten. Die Spanier errichteten danach als neue Hauptstadt das heutige Antigua. Iximché blieb verwaist, selbst nach dem Abzug der Spanier kehrten die Cakchiquel nicht wieder in ihre ehemalige Hauptstadt zurück.

Das Kult- und Palastzentrum besteht aus etwa 20 größeren Strukturen, darunter vier Hof- oder Platzanlagen, vier Tempelpyramiden, zwei Ballspielplätzen und mehreren meist nur in ihren Grundmauern erhaltenen Palastbauten. Die im Talud-Tablero-System von Teotihuacán konstruierten Pyramiden haben auf zwei oder drei Seiten vorgelagerte Treppenaufgänge; dadurch wirken die Ecken des eigentlichen Pyramidenkerns wie zurückgestuft. Die auf den Pyramiden möglicherweise aus Holz erbauten Tempel selbst sind allesamt verschwunden. Ehemals waren wohl alle Bauten mit Stuck überzogen und bemalt. Steinskulpturen oder Stuckreliefs, wie sie für das Maya-Tiefland kennzeichnend sind, existierten bei den Hochland-Maya aber sehr wahrscheinlich nicht.

Auf dem sogenannten Platz B wird die runde Struktur als Opferplattform interpretiert: In ihr wurde das Grab eines Adligen bzw. Priesterfürsten mit drei Begleitern entdeckt.

Es ist ein stiller Ort. Die Symmetrie der Anlage vermittelt ein angenehmes Raumgefühl. Sie war aber auch ein Ort für Menschenopfer. Es war eine Ehre, geopfert zu werden, auch die Sieger der Spiele wurden als Beste der Besten der Erde geopfert.

# Atitlan See

Dieser See ist ein touristisches MUSS. Auf den umliegenden Bergen wächst der berühmte und weltweit geschätzte Kaffee des Landes. Die Vulkane könnten von Disneyworld dort hingestellt worden sein, sie wirken perfekt inszeniert und sind doch immer noch gefährlich. Eine giftige Gaswolke hat erst vor wenigen Jahren viele Menschen getötet.

Von Guatemala City geht es zuerst mit einem Taxi nach Antigua, von dort weiter mit einem Minibus. Insgesamt waren das etwa sieben Stunden Fahrzeit nach Panajachel am Atitlansee. Am Nachmittag angekommen, quartierte ich mich in der Posada Don Rodriguez, einem angenehmen Hotel ein, inmitten einer großzügigen Parkanlage am See. Meinen Fotoapparat hatte ich im Minibus vergessen, es blieb mir nichts anderes übrig, als mir möglichst alles einzuprägen. Die Farben der vielen bunten Tücher in den offenen Souvenirshops sind verführerisch, doch ein erster Rundgang im Ort ist ernüchternd: Panajachel ist als einer der touristischen Hotspots des Lands eine einzige Einkaufsmall mit Souvenirs jeder Art und vollgestopft mit fotoapparatbewaffneten Touristen, die alle knipsend durch den Tag gehen. Irgendwie war ich froh, ohne Kamera laufen zu können.

Ich beschloß, die Exkursion am kommenden Tag im Sunset Cafe gut vorzubereiten und den Tag dort auch ausklingen zu lassen. Hier sitzt man privilegiert am schön gelegenen Platz, etwas erhöht und direkt am Wasser. Auf der anderen Seeseite ragt ein Vulkan aus dem Dunst, er hat die Form des japanischen Fujiyama.

Pünktlich um acht Uhr früh brachte mich am anderen Morgen ein Motorboot in schneller Fahrt bei kühlem, morgendlichen Fahrtwind über den See zu dem 20 Kilometer entfernten Santiago, einem der Orte am See, die am einfachsten vom Wasser her zu erreichen sind. Vor wenigen Jahre wurden seine Bewohner von einer tückischen Giftgaswolke des benachbarten Vulkans überrascht, viele hundert verstarben.

Als ich an diesem frühlingshaft-milden Morgen den Ort erreichte, schien er noch nicht erwacht zu sein. Ich ließ mich von einem Tuk-Tuk, einem dreirädrigen Mopedtaxi, zu den Sehenswürdigkeiten der Stadt fahren. Das Osterfest war in Vorbereitung und so wurde auch die zentrale Kirche mit vorösterlichem Schmuck dekoriert, und einige Marimba-Instrumente standen parat für den Kirchengesang. Die Marimba ist die große Schwester der Xylophone, sie kam ursprünglich mit afrikanischen Sklaven nach Amerika. Die Orgel wird für den Choralgesang in den allermeisten Kirchen durch ein Marimba-Ensemble ersetzt.

Mein Tuk-Tuk-Fahrer erklärte österliche Sitten und Gebräuche und als er merkte, dass ich mich auch für die spirituellen Traditionen interessierte, beschloss er, mich über eine kurvenreiche, steile Uferstrasse zu einer Schamanin in einen Nachbarort zu bringen. Ich kenne schamanische Riten anderer Kulturen, hier wurde jedoch nicht getrommelt, sondern eine lange Zigarre geraucht: Still sitzt das Medium, eine alte Frau, auf einem Sofa in der halbdunklen Ecke. Ihr gegenüber steht eine große Holzfigur, der „Marixom", eine Art Dialogpartner für die rauchende alte Frau. Leise murmelt der Tuk-Tuk-Fahrer mit dem Assistenten der Schamanin, dieser nickt zustimmend, die Schamanin zieht kräftig an der Zigarre. Ich versuche, einen Hustenreiz zu unterdrücken und lege eine passende Geldnote neben die Holzfigur, wie es mir der Fahrer zuvor empfohlen hatte. Der Raum ist erfüllt vom Zigarrenrauch. Nun wird die Zigarre bedächtig und sorgfältig an den Assistenen übergeben, der diese wiederum dem Holz-Marixom in den bereits passend geschnitzten, halboffenen Mund steckt. Der Tabak ist von der Schamanin auf hohe Temperatur gebracht worden, sie qualmt also ordentlich nach. Nur wenig Licht fällt in diesen Raum und man ist sich sicher, dass diese Holzfigur selber raucht. Die Schamanin redet nun mit ihrem Gesprächspartner, dem Marixom. Dieser scheint nicht mehr aus Holz zu sein, sondern wirkt wie eine stolze Autorität.

Das Geheimnis der Kräfte und der Erfolge von Medizinmännern in Afrika, den Schamanen der Mongolei, Sibiriens, Koreas und an allen anderen Orten, auch beim heiligen Abendmahl der katholischen Kirche ist der gemeinsame Glaube einer Gemeinschaft an Etwas. Wenn der Medizinmann beschließt, dass dem hilfesuchenden Kranken nur geholfen werden kann, wenn eine Ziege geschlachtet und das Blut in einem Ritus verteilt wird, während der gesamte Dorfclan anwesend ist und fest an diese Kräfte glaubt, dann können sie sich auch entfalten. Das gilt auch für die Heilungsriten der Schamanen. Für die evangelische Kirche ist das Abendmahl ebenfalls eine ganz zentrale und wichtige Handlung. Nur, Wein und Brot bleiben ein Symbol. In der katholischen Kirche beginnt für Wein und Brot eine Wandlung, und wenn die anwesenden Kirchenbesucher tiefen Glaubens sind, wird sich diese Wandlung in Blut und Fleisch Christi vollziehen.

Der Marixom hatte keine existentielle Mitteilung für mich, und so ließ ich mich mit dem Tuk-Tuk wieder zum Hafen fahren. Ein langsames Boot, das passend „Schildkröte" hieß, setzte sich in Bewegung, um mich zum Fischerdorf San Pedro zu bringen. Die Mittagssonne hatte die letzten Frühnebel besiegt und der Attitlansee entfaltete seine ganze Pracht und erschien wie ein Postkartenpanorama.

An Bord begann ich ein Gespräch mit einem Bäckermeister, der mich nicht nur in seine Backgeheimnisse einweihte, sondern auch viel über den Kaffee- und Maisanbau zu berichten wusste. Einige der besten Kaffees kommen aus dem Hochland Guatemalas.

Die nach wie vor aktiven Vulkane reichern den ohnehin schon fruchtbaren Boden weiter an. Diesem Umstand verdankt der guatemaltekische Kaffee ein unvergleichliches Aroma: Ausgewogen im Geschmack, überzeugt er mit mondäner Fülle und vollem Körper bei sehr feiner Säure. Das anmutig-würzige Aroma des Kaffees erhält durch eine leicht rauchige Note eine unverwechselbare Veredelung. Dies ist das Markenzeichen des Kaffees aus Guatemala. Damit schafft er auch das Kunststück, stark und herzhaft zu schmecken und gleichzeitig ein eher milder Kaffee zu sein.

# Marimba

Das Marimbaphon ist das Nationalinstrument Guatemalas. Es erklingt als Hintergrundinstrument in teuren Restaurants genauso wie als Orgel-Ersatz in der Kathedrale, erstmals wurde es in dieser Funktion bereits 1680 offiziell erwähnt. Schon um 1550 kam das westafrikanische Instrument durch Sklaven nach Guatemala. Zunächst gab es eine gebogene Marimba, gefolgt von einem einfachen diatonischen Gerät, einer Reihe von gestimmten Holzplatten mit Kürbisresonatoren, gespielt mit Holzhämmern. 1894 begann der große Durchbruch mit dem Bau einer chromatischen Marimba, deren Klangplatten wie die schwarzen und weißen Tasten eines Klaviers angeordnet waren. Man findet in Guatemala einige Ensemblevarianten, zum Beispiel ein Instrument für drei, ein größeres Instrument für vier Spieler plus Zusatzinstrumente, gelegentlich gemischt mit Bläsern.

Es mag überraschen, doch die zweite große Marimba-Nation ist Japan. Einer der Gründe dieses Erfolgs lag in der Tätigkeit christlicher Missionare einer nordamerikanischen Kirche, die von 1947 an sechs Jahre durch Japan reisten. Orgeln gab es nicht und so kamen sie mit einem Ensemble aus Xylophonen und acht Marimbas. Sie spielten außer den christlichen Chorälen auch Transkriptionen romantischer europäischer Musik, etwa von Edvard Grieg, die Tannhäuser Ouvertüre von Richard Wagner, die Pizzicato Polka von Johann Strauß, eine Chopin-Polonaise und den Hummelflug von Rimski Korsakov. In einer Version für acht Marimbas erklangen Beethovens Mondschein-Sonate und der Ungarische Tanz Nr. 5 von Johannes Brahms. Sie waren extrem erfolgreich und spielten sogar vor 12.000 Zuhörern in einem Stadion. Mit den Originalklängen und den ursprünglichen Funktionen des Marimbaphons hatte das alles nichts mehr zu tun, aber es wurde sehr populär. Etwa zeitgleich entwickelte die Regierung 1950 ein neues Unterrichtskonzept für Schulen und benannte für den Musikunterricht das Xylophon als zentrales Instrument. Die meisten Japaner sind seither mit diesem Instrument vertraut. Die Missionskonzerte führten zu einer Begeisterung für diese Instrumente, und es entstand eine eigene Instrumentenindustrie und nach einigen technischen Verbesserungen eine geradezu nationale Obsession für dieses Instrument. Das Marimbaphon ist zwar das Nationalinstrument Guatemalas in Mittelamerika aber die meisten Instrumente werden in Japan gebaut.

Der guatemaltekische Komponist Joaquín Orellana (geb. 1937) widmete sich zunächst elektronischer Musik und leitete dann eine Gruppe für experimentelle Musik, bis er sich der Familie der Schlaginstrumente zuwandte, indem er das Marimbaphon und andere Schlaginstrumente einfach neu erfand. Er begann seit etwa 1970 Klangskulpturen aus Schlaginstrumenten zu bauen. Sein Marimbaphon ist nicht chromatisch flach angeordnet, sondern schwebt als mikrotonale Holzplattenwolke in einer Metallkonstruktion. Sowohl das Design als auch der Klang wurden quasi „weich" gemacht. Sein Atelier in Guatemala City ist ein Ort ungebremster Phantasie und eines unbegrenzten Denkens. Ein Tag ist zu wenig, alle seine Wunderwerke zu studieren. Orellana ist in seinem Land ein sehr verehrter Künstler, er komponierte für diese Instrumente in allen möglichen Gattungsformen. Er schuf sich eine eigene Klangwelt, eine Volksmusik für ein Volk, das nur aus seiner Person besteht. Darin ist er dem großen nordamerikanischen Komponisten Harry Partch verwandt.

# Glaube an die Sicherheit

Um von Europa nach Guatemala zu gelangen, gibt es nicht sehr viele Varianten. Aber es ist unbedingt zu empfehlen, die USA als Transitland zu meiden.

Die mythischen Tempel unserer Zivilisation sind Bahnhöfe, die Orte der Tränen des Abschieds und des Willkommens, oder Tiefgaragen, Orte, die den Göttern der Geschwindigkeit gewidmet sind. Wie in einem Hindutempel starren uns farbige Götzen mit großen Augen an und erwarten ab und zu eine Opfergabe. Auch auf Autobahnen, diesen Adern des raschen Transports.

Natürlich gehören auch Einkaufszentren und vor allem Flughäfen dazu, Orte religiöser Handlungen: Man betritt einen Tempel der Geschwindigkeit und gleich zu Beginn wird man durch große Schautafeln nach links oder rechts sortiert. Es folgt die erste „Reinigung" der Personen und des Gepäcks beim Check-in Schalter: die Überprüfung der Identität, dann eine weitere „Reinigung" der Person durch die Personalkontrolle und einige Schritte weiter, bei der Security, die nächste Reinigung. Sie heißt Durchleuchtung des Handgepäcks. Man erreicht die Abfluglounge und sitzt zwischen lauter „Gereinigten", den Mitgläubigen. Nach einer letzten Reinigung/Überprüfung der Identität darf man in den Himmel. Der Flug von Frankfurt nach Guatemala führte über Houston, Texas. Dort stehen zum Umsteigen etwa zwei Stunden zur Verfügung. Das sollte normalerweise reichen. Doch hat Houston bereits keinen Transitbereich mehr. Man muss also offiziell in die USA einreisen, um sogleich wieder auszureisen: mit Einreisedokument, alle zehn Finger, Interview – das volle Programm. Auschecken, wieder einchecken. Amerika ist erfüllt vom tiefen Glauben an die Sicherheit. Die eigenen Hinterhöfe brennen und so muss der Anschein von Sicherheit wenigstens an den Grenzen erhalten bleiben. Es ist eine neue Religion, mit dem Glauben an hundertprozentige Sicherheit. Und wie bei Religionen üblich, gibt es Sakrilege, Blasphemien. Über Religionen macht man sich nicht lustig. Da ist der Hinweis „PLEASE, NO JOKES" bei der Sicherheitskontrolle nur folgerichtig.

# Kapitel VI

## CHILE

Chile und Argentinien haben eine gemeinsame Grenze, doch die Mentalität der Menschen ist sehr verschieden. Argentinier zeigen offen ihre Emotion, ihre Begeisterung,sie pflegen, außerhalb der Hauptstadt, einen zwanglosen Umgang mit der Uhrzeit, handeln oft spontan, was in künstlerischen Bereichen viele Wunder bewirken kann, allerdings auch manches verhindert. Emotionaler Überschwang, wie etwa nach einem Konzert in Argentinien, ist nicht Sache der Chilenen. Sie sind introvertierter und ruhiger, ich meine, eine Insulanermentalität zu spüren. Man lebt in einem Land mit einer einzigartigen geographischen Gestalt, dünn wie ein 4.300 Kilometer langgezogener Bleistift, scheinbar abgeschnitten vom Rest der Welt: Im Osten lässt die riesige Andenkette kaum Kontakt zum Nachbarn zu, auf westlicher Seite liegt die endlose Weite des pazifischen Ozeans. Australien, der nächste Nachbar, liegt 12.000 Kilometer entfernt. Der Süden endet vor der Antarktis, im Norden hat man sich keine Freunde gemacht, nachdem Chile im 19. Jahrhundert Bolivien gewaltsam die Küste nahm.

Chilenen leben wie auf einer langen, schmalen Insel, und Inseln prägen Emotionen und Mentalitäten. Möglicherweise würden sich Nordfriesen und Chilenen gut verstehen: Mit wenigen Worten ist alles gesagt.

Regelmäßige Flüge verbinden Argentinien und Chile, sehr viel schöner ist die neunstündige Andenüberquerung mit einem der

komfortablen Fernbusse von Mendoza nach Santiago, insbesondere zur Frühlingszeit, vorbei am 7.000 Meter hohen Aconca
 gua, begleitet vom Flug des Condors. Die argentinische Ostseite der Anden ist trocken und die leuchtende Vielfarbigkeit der Gesteinsschichten wird durch keinen Pflanzenbewuchs verdeckt. Die Regenwolken des Pazifiks schaffen es nicht über die hohen Anden und regnen sich an den chilenischen Gebirgshängen ab. Hat man die Passhöhe mit der Zollstation und einer sehr genauen Kontrolle des totalen Einfuhrverbots jeglicher Lebensmittel hinter sich gelassen, beginnen die engen Serpentinen auf chilenischer Seite und bald schwelgen die Augen in der Pracht üppigen Pflanzenwuchses, der Mimosenwälder und Frühlingsblumen. Ein Fest für die Sinne. Insgesamt gibt es etwa 5.000 Pflanzenarten in Chile, davon ist die Hälfte endemisch, sie kommen exklusiv nur in Chile vor.
....

Lange hatten wir uns überlegt, ob wir auf unserer Südamerika-Tournee überhaupt nach Chile reisen sollten. Es war immer noch das Schreckensregime von Pinochet an der Macht, und es hätte gute Gründe gegeben, nicht nach Santiago de Chile zu reisen. Nach nächtelangen Diskussionen mit allen Mitgliedern des Ensemble Modern entschlossen wir uns nicht nur nach Santiago zu reisen, sondern auch, dort eine längere Zeit zu verbringen, um eine Anzahl von Konzerten, Workshops und Meisterklassen zu geben, mit einem offenen und freien Angebot für jeden Musiker und Studenten und einer ausführlichen Reisebibliothek mit neuesten Partituren. Offizielle Stellen in Santiago betrachteten diese neue Offenheit mit Misstrauen, Studenten wurde die Teilnahme an unseren Workshops indirekt untersagt. Neue Musik war hier noch subversiv und die Studenten riskierten viel. Das Militär ging mit ihnen nicht zimperlich um. Immer wieder hörte man, dass manche verschwanden und nie wieder aufgefunden wurden. Eine dunkle Zeit, in der die Militärpolizei dem Liedermacher und Gitarristen Viktor Jara die Hände brach, bevor sie ihn ermordete.

# Insel der Freiheit

Für das Goethe-Institut war es eine historisch wichtige Zeit. Die Räume waren für das Militär tabu und das Institut entwickelte sich zu einer Insel des Lichtes in dunkler Zeit: Ausstellungen, Dichterlesungen, Konzerte, Filmabende von oppositionellen Künstlern, alles unzensiert und dem freien Geist verpflichtet. In diesen Kontext fielen unsere Konzerte mit dem Ensemble Modern. Die Gesellschaft begann bereits, sich gegen die Militärdiktatur zu wehren, die katholische Kirche hatte eine wichtige Oppositionsfunktion und verkündete in regelmäßiger Folge nationale Protesttage. Deren Programm war friedlich. Alle Menschen im Lande wurden aufgefordert, am Mittag um zwölf Uhr das berühmte und tief anrührende Lied der chilenischen Sängerin Violetta Parra zu singen: „Gracias a la vida...", (Danke an das Leben, das mir so viel gegeben hat), egal, wo man sich zu dieser Uhrzeit befand, im Bus, im Büro, in der Bank, oder auf der Straße. „Bringt am Abend Blumen und Kerzen in die Kirchen des Landes", lautete der zweite Teil des Programms.

Es sammelten sich tagsüber Menschenmassen im Stadtzentrum, Nervosität lag in der Luft. Aus den Fenstern unseres Hotels am zentralen Platz hatte man vor wenigen Jahren den gegenüberliegenden Präsidentenpalast beschossen, bevor man den Präsidenten, Salvador Allende, erschoss und in der Folge 30.000 Menschen, die man „Terroristen" tötete. Es war einer dieser Militärputsche Lateinamerikas, die von den USA unterstützt wurden.

An diesem nationalen Protesttag suchten wir zwischen Wasserwerfern, Hundehatz und Militärpolizei unseren Weg zum Konzertsaal, nicht wissend, ob an einem so emotionalen Tag überhaupt mit Zuhörern gerechnet werden könne oder ob die Veranstaltung als verbotene Versammlung im letzten Moment sogar untersagt würde. Wir hatten eine Komposition im Programm, die wie keine andere zu diesem Tag in Chile passte: Olivier Messiaens „Quartett vom Ende der Zeit", komponiert 1941 im Internierungslager Görlitz. Ein großartiger spiritueller Gegenentwurf zur Gewalt und zur Unterdrückung. Schon seit zehn Jahren war dieses Werk in Chile nicht mehr zu hören gewesen. Der Konzertsaal war überfüllt, Zuhörer saßen auf dem Boden und das Konzertende war überwältigend: Viele hatten ihre ursprünglich für die Kirchen gedachten Kerzen mitgebracht, und entzündeten sie nun als stillen Applaus an die Musiker, jemand aus dem Publikum begann mit kraftvoller Stimme das Lied vom Mittag zu singen, „Gracias a la vida…“. Der Saal sang als Dank für ein Konzert mit Neuer Musik. Ein bewegender Moment. Wir bekamen sehr deutlich zu spüren: Mit unserem Projekt öffnete sich für einige Tage ein Fenster für viele Menschen in Santiago und ließ für einen Moment frische Luft hinein in ein gequältes Land.

## Geisterballett – El Tatio, Atacama

Die Atacama ist die trockenste Wüste der Welt. Sie reicht von der Pazifikküste Chiles bis zum Geysirfeld El Tatio, das auf 4.500 Metern sehr hoch in den Anden liegt. Diese Gegend ist permanent in Bewegung, Erdbeben, vulkanische Aktivitäten erinnern an die Urzeit der Erdentstehung. Das Besondere ist der Zeitpunkt der Aktivität, denn exakt der erste Strahl der aufgehenden Sonne aktiviert die Geysire. Es ist das weltweit am höchsten gelegene Geysirfeld.

Man braucht etwa zwei Stunden für die Fahrt hinauf, dementsprechend früh beginnt die Exkursion: mitten in der Nacht, vor Sonnenaufgang. Eine holprige Fahrt führt zu einem magischen Platz in kalter, dünner Luft. Vermummt und frierend warten einige Gäste auf die ersten Sonnenstrahlen, und auf eines der faszinierendsten Naturphänomene, das sich denken lässt, auf den Tanz der bis zu 20 Meter hohen Dampfsäulen. Es hat etwas Rituelles, wenn man auf die aufgehende Sonne wartet und erinnert an die religiöse Verehrung der Sonne durch die Azteken.

Alle Augen sind nach Osten gerichtet, um die ersten Strahlen hinter den Felsen zu entdecken. Noch ist Zeit und der Blick widmet sich dem Boden, einer Mischung aus Lavakruste und – um die Geysiröffnungen herum – hellen knollenförmigen Sinterablagerungen, entstanden aus regelmäßigen Spritzern der Geysirdampfsäulen. Etwas abgelegen finden sich aktive Quelltöpfe heißer Quellen, umgeben von einem dunkelfarbigen Bakterienrasen.

Der Boden ist glashart und leblos, unterirdisch liegt eine sehr große Kammer. Und die uns tragende Hülle scheint nicht sehr dick zu sein, denn es klingt hohl, sie überwölbt einen unterirdischen kleinen See, der aus der Tiefe geheizt wird. Das Eruptionsverhalten ist unmittelbar vom Luftdruck abhängig, deshalb warten wir auf die Sonne, mit deren erstem Strahl sich der Luftdruck leicht verändert und das Zauberballett heißer Dampfsäulen ermöglicht. Mehrfach wurden wir ermahnt, nicht auf dieser Kruste zu springen und bestimmte Punkte auf dem Geysirfeld zu meiden, um ein Einbrechen in die unter uns liegende Halle zu verhüten.

Noch haben wir etwas Zeit bis zum ersten Sonnenstrahl. Unser Fahrer, der darauf vorbereitet ist, legte zwei rohe Hühnereier sorgsam in eine der heißen Bodenquellen und hob sie nach wenigen Minuten lachend wieder heraus. Das heiße Frühstücksei war genau das Richtige in der brutalen Kälte auf 4.500 Metern. Der Horizont im Osten verfärbte sich und in einer Einkerbung zwischen den Felsen erstrahlten die ersten Sonnenstrahlen. Sie wurden mit Applaus begrüßt, und zeitgleich mit den ersten Strahlen veränderte sich der Luftdruck in diesem sensiblen Luftgefüge zwischen Temperatur, Trockenheit und Höhe. Nun begann es, das Ballett der Dampfsäulen.

Irgendjemand hatte nachgezählt und kam auf diesem Plateau auf 80 Geysire, und 70 Fumarolen, Dampfsäulen, bei denen das heiße Wasser bereits unterirdisch verdampft. Sie wuchsen mit dem ersten Sonnenstrahl, sich leicht im frühen Morgenwind wiegend, elegant tänzelnd – ein stiller Geistertanz für die Sonne, an diesem unwirtlichen, lebensfernen Ort, verführerisch, suggestiv. Mögliche Gefahren missachtend wandle ich zwischen den Dampfsäulen, beginne mit ihnen einen langsam schwankenden Kältehöhentanz. Der Dampf umschließt mich mit Wärme, ich gehe weiter, der Boden unter meinen Schritten klingt gefährlich hohl, die Säulen neigen sich zurück, der Wind drängt sie wieder in meine Richtung, lockt mich, weiter zu gehen. Ich bin im Dampfnebel verschwunden, sehe keine Richtung mehr, kein links, kein rechts, gehe einfach weiter, weiter, folge den stummen Verlockungstänzen, immer weiter. Jegliches Gefühl für die Gefahr einer einstürzenden Kruste oder der Verbrühung ist ausgeblendet. Eine Dampfsäule tanzt mit mir, legt sich in meine geöffneten Arme. Still ist es, ein stilles Tanzfest, der Dampf erhebt und neigt sich in Ruhe.

Die Sonne steigt höher, es ändert sich der Luftdruck. Ermattet ziehen sich die Geysire ins Erdinnere zurück, warten auf ihr neues Geisterballett und neue Tanzpartner am nächsten Morgen.

## Tod und Leben – Salzsee

Die holprige Piste führt über messerscharfe Salzkristalle durch die trostlos schrundige Salzlandschaft eines ausgetrockneten Salzsees. Man mag nicht glauben, dass in dieser schneeweißen unwirtlichen Gegend, die als lebensfeindliche chemische Küche eher an die Landschaft eines fernen Planeten erinnert, irgendein Lebewesen existieren kann. Und doch: Das flache Salzwasser in der Ferne ist der Lebensraum für Kleinstkrebse, Grundnahrung der orangeroten Flamingos, die sie mit Ihren gebogenen Schnäbeln, im flachen Wasser gründelnd, als Futter und Farbstoff aufnehmen. Selbst hier jedoch tänzeln kleine blaue Schmetterlinge vereinzelt zwischen krustigen Salzkristallen. Man rätselt, was sie hier suchen könnten. Dann entdecke ich winzige blaue Blümchen zwischen den Krusten.

Es ist milder Spätnachmittag, die Sonne neigt sich bereits zum Horizont und berührt dort tieforange die weiße Salzewigkeit des Sees. Es will Abend werden. Der tiefblaue Himmel mischt sich mit dem zunehmend glühenden Orange der Sonne, das Blau gerät in die Defensive, und in diesem Moment fliegt eine Gruppe orangeroter Flamingos durch die Abendsonne und verhilft ihrer Farbe zum Sieg. Eine weitere Flamingoformation fliegt wohlgeordnet durch den Farbakkord von dunkelblau, tieforange und schneeweiß.

# Schrei der Erde

## Erdbeben

Am Abend sitzen wir im Speiseraum unseres Hotels in San Pedro, einem Flachbau aus Lehmziegeln und Holz. Es gibt in diesem Ort ausschließlich Flachbauten ohne Obergeschoß, denn Chile ist das Land mit den weltweit meisten Erdbeben, und diese Gegend hier ist besonders unruhig. Während des Abendessens beginnt das leichte Lehmhaus zu erbeben, der Boden unter unseren Füßen schwankt, Holzträger ächzen, erschrocken schauen wir nach oben, spontan halten wir uns am Tisch fest und danken den Erbauern dieser leichten Lehmbauten.

Dann, mit einem Male dieses Geräusch, ein Klang, nicht von dieser Welt, furchteinflößend: Die Erde schreit. Kein Donnergrollen, anders, tief unter uns, weit drinnen im Erdreich muss es einen gigantischen Hohlraum geben, einen Riesenkonzertsaal, eine Blase gewaltigen Ausmaßes mit ewigem Echo. Dieses Geräusch, als donnerte ein Schnellzug mit hoher Geschwindigkeit heran, durchquert lautstark diese Echohalle, stößt einen schrecklichen langgezogenen Schrei aus, anschwellend, tiefste und höchste Töne gleichzeitig, nicht enden wollend – wie ein Schmerzensschrei eines verletzten Riesentieres im Erdinneren, verlängert durch die Echokammer, nach und nach schwächer werdend. Der Klang einer tektonischen Verschiebungstragödie. Die Erde ist weich wie ein Honigtropfen mit dünner Kruste.

## Knisternde Felsen

Meist sind es die großartigen visuellen Erlebnisse, die uns zu den Hotspots und Naturschauspielen locken. Mich hingegen interessiert auch die Klangerfahrung. Es können ganz unauffällige Orte sein, die aus einem nicht immer ersichtlichen Grund faszinierende Klänge anbieten. Unser Fahrer hatte uns jetzt schon zwei Tage lang zu großartigen Zielen in der Umgebung San Pedros gebracht. Nun erklärte ich ihm, dass ich nach den vielen wunderschönen Exkursionen Interesse hätte, Klänge, Geräusche, Klangphänomene oder eine akustische Rarität seiner Heimatgegend kennenzulernen, sofern es so etwas hier gäbe. Er wusste sofort, was infrage kam und brachte uns zu einer nicht weit entfernten, jedoch völlig abgelegenen Höhle, in der er als Kind mit seinen Freunden häufig gespielt hatte.

Bereits nach etwa fünf Minuten Fahrt bog er von der Hauptstraße ab, parkte zwischen den Salz-Sandsteinformationen, wie zwischen einer großen Herde riesiger, schrundiger Elefantenrücken, vernarbt, verletzt. Es war da kein Weg, sondern wir gingen vorsichtig über nahezu unsichtbare Vorsprünge am Hang, ab und zu auf etwas ausgetretenen, schmalen Pfaden mit größeren Lücken, die beherzt zu überspringen waren. Ein nicht ganz ungefährlicher Zugang bis zum versteckt liegenden Eingang eines geheimnisvollen Dunkels. Der Zugang war gut mannshoch und nach wenigen Metern wurde es finster in der Höhle. Nicht die Hand vor den Augen war zu erkennen. Der Fahrer leuchtete ab und zu mit seinem Feuerzeug, um etwas Orientierung zu behalten. Ansonsten tasteten wir uns mit vorgestreckten Armen schützend langsam, blind tastend Schritt für Schritt ins Dunkel. Nach einigen Minuten in totaler Finsternis entflammte erneut das Feuerzeug. Unser Fahrer, jetzt Höhlenforscher, stoppte, gab ein Zeichen, ein Ohr an die Wand zu legen und zu hören. Völlige Dunkelstille, dann ein erstes Knistern, zarte, einzelne Knister- und Knackimpulse, dann noch einer, wieder Ruhe, dann mehrere, dicht nahebei, andere in der Ferne. Pause. Immer sehr leise und doch mit Intensität. Wieder Pause. Ein großartiger Naturlaut, verursacht durch den Wechsel der Tagestemperatur und durch zuvor eingedrungenes Wasser, das sich seinen Weg durch das Salz und den ausgetrockneten Sandstein sucht, kleinste Veränderungen drücken den weichen Stein auseinander, ein stilles Läuten verschiedenster Knack- und Knisterlaute in unterschiedlichen Entfernungen – eine seltene Gelegenheit kleinste Veränderungen einer Landschaft hörend zu erfahren.

## SIE

Wir waren auf einer Abendfahrt von Vina del Mar an die Pazifikküste zu den Pelikanen, in einem Oldtimer, einem grauen Ford A Baujahr 1931. Sie, eine junge chilenische Journalistin, hatte ich am Vortag während eines Empfangs nach dem Konzert in Vina del Mar kennengelernt. Sie hatte zu dieser Oldtimerfahrt geladen.

Ihr blonder Haarschopf war mir bei dieser Veranstaltung bereits inmitten der dunklen Frisuren anderer Chileninnen aufgefallen. Zwischen Häppchen, Schnittchen und den vielen Menschen hatte sie mich an meinem Stehtisch angesprochen, gefragt, ob sie störe, sie habe ein paar Fragen zum eben erklungenen Konzert. Grüne Augen strahlten aus einem zart-gebräunten Gesicht mit weich akzentuiert hohen Wangen, sie war das, was man eine natürliche Schönheit nennt: ohne Make-up und glitzernde Accessoires, das Geschenk einer großzügigen Natur, die makellose Wunderwesen erschafft. Schlichte, körperbetonte Kleidung unterstrich ihre schlanke, natürliche Eleganz. Sie bewegte sich mit katzenhafter Geschmeidigkeit und war offensichtlich gewohnt, bewundernde Blicke auf sich zu ziehen und Mittelpunkt einer Gesellschaft zu sein. Südamerikanische Frauen sind, trotz patriarchalischer Gesellschaft, sehr unabhängig, sie behalten ihren Familiennamen bei einer Heirat und als Angehörige des Mittelstandes können sie sich sehr bald im Haushalt Entlastung durch eigenes Personal schaffen. Sie nutzen diesen Freiraum für ihre eigene Kreativität. Vermutlich nirgendwo auf der Welt gibt es so viele kreative und erfolgreiche Künstlerinnen, Malerinnen, Autorinnen, Komponistinnen wie hier.

Für eine Zeitung sollte sie einen Bericht über das Konzert verfassen und als geschickte Gesprächspartnerin lenkte sie unseren Smalltalk in ein verbindlicheres Gespräch. Ermutigt durch einen länger zurückliegenden Deutschkurs am Goethe-Institut, wechselte sie in der Konversation charmant zwischen zwei Sprachen hin und her, als wir über die soeben verklungene Aufführung von Schönbergs Pierrot Lunaire sprachen. Ich merkte nüchtern an, dieses Werk sei eines der sehr seltenen Beispiele, bei denen die deutsche Textübersetzung besser sei als das französische Original. Sie hatte Fragen, zum Beispiel wie man als Dirigent auf der Bühne nonverbal mit Musikern kommuniziere.

In der Regel dirigiere ich nur mit den Händen, ohne Taktstock, es schafft einen unmittelbaren Kontakt zum Klang und zu den Musikern. Vor Jahren studierte ich den Flügelschlag großer Vögel und die Bewegung der Mantarochen. So gewöhnte ich mich an weiches, fließendes Dirigieren. Das schien es ihr angetan zu haben, denn sie behauptete, dass meine Hände im Konzert gelegentlich Skulpturen in die Luft modelliert und mit dem Ensembleklang getanzt hätten. „Der Klang kam aus deinen Händen, du streichelst die Musik und fliegst wie ein Vogel. Alles ist sehr körperlich. Wäre ich Musikerin, würde ich gerne unter deinen Händen spielen wollen", und fügte kokett die überraschende Bemerkung hinzu, dass sie sich im Konzert an einer Stelle vorgestellt habe, sie selber wäre ein Klang gewesen, der von meinen Händen berührt worden wäre. Dieser Gedanke schien ihr Spaß zu machen, sie ergriff unbekümmert und spontan meine Hand, als suche sie darin konspirativ den geheimnisvollen Klang: „Na, wo ist er denn, wo ist er denn der Zauberklang?" Sie entschuldigte sich dann jedoch rasch über ihre voreilig spontane Handanalyse und gab mir mit einem bezaubernden Lächeln meine Hand zurück.

Sie hätte von mir aus gerne weiter analysieren können, so bot ich nun im Gegenzug an, aus ihrer Hand die Zukunft zu lesen. Sie schaute neugierig, als ich ihre rechte Hand ergriff und mit meinem Zeigefinger langsam und länger als unbedingt notwendig die Handlinien zart nachzog, dazu raunte ich etwas Geheimnisvolles und verkündete schließlich mit wichtigem Tonfall: „Hm, hmmm, ich lese, du bist eine sehr gefühlvolle, sensible Person." Sie nickte zustimmend und lächelte erwartungsfroh. „Du hast eine großartige Zukunft vor Dir", sie hörte es mit Wohlwollen. „Allerdings, ich lese auch von gefährlichen Angewohnheiten", sie schaute erstaunt. „Du beißt Schokoladenweihnachtsmännern immer zuerst den Kopf ab." Sie meinte sich verhört zu haben, prustete dann los und hielt sich den Mund, um nicht über diesen Allerweltspruch laut zu lachen. „Ok, eins zu eins", sagte sie schließlich, „im Handlesen sind wir jetzt auf gleicher Augenhöhe."

Es war wunderbar, ihr zuzuhören, ein Fest fürs Ohr, reine Musik und mit ihrer feinen Körpersprache im Einklang. Ich konnte mich an ihrer weichen, melodischen Stimme mit den knusprigen spanischen Konsonanten nicht satthören. Aus den Augenwinkeln bewunderte ich die graziöse Eleganz, mit der sie zwischendurch eine Zigarette rauchte und genießerisch den Rauch ausatmete oder die Sorgfalt, mit der ihre sinnlich weichen Lippen den angebotenen Wein probierten.

Ganz offensichtlich war sie eine kenntnisreiche Genießerin schöner Dinge, darüber hinaus eine wundervolle Gesprächspartnerin, und so sagte ich gerne zu, als sie mich einlud, gemeinsam mit ihr am nächsten Abend im Oldtimer ihres Vaters an die Küste zu den Pelikanen zu fahren. Eine doppelte Versuchung, der man nicht widerstehen kann: eine Fahrt in einem historischen Auto, und das an der Seite dieser außergewöhnlichen Frau. Mir fiel dazu der Satz von John Lennon ein:

»Leben ist das, was einem passiert, während man dabei ist, andere Pläne zu schmieden«

Unser Fahrzeug war ein selten gut erhaltenes Schmuckstück, mit Sitzen aus rotem, etwas abgenutztem Samt. Vertrauenerweckend brummte der Motor, nachdem er mit einer Kurbel angeworfen worden war und die Gangschaltung griff sauber mit der Hilfe des altertümlichen Zwischengases. Rechts und links klappten am Türrahmen leuchtend winkende Fahrtrichtungsanzeiger auf und nieder. Eine Oldtimerfahrt ist immer ein kleines Abenteuer und auch eine Zeitreise, in diesem Fall eine Begegnung mit dem Beginn der Motorisierung Chiles.

Man bewundert an alten Fahrzeugen die klare Schönheit der Form, den Erfindungsreichtum amerikanischer Automobilingenieure und deren einfache und überzeugende Lösungen und, dass so ein Auto nach so vielen Jahren problemlos seinen Dienst verrichtet. Mein Herz klopfte vor Aufregung, als sie mir den Wagen anvertraute. Endlich durfte ich selber fahren. Brems- und Gaspedale sind beim Ford A umgekehrt angeordnet, es ist ratsam, sich darauf einzustellen. Mein erstes Zwischengas hakte noch ein wenig, doch schon nach wenigen hundert Metern war ich mit diesem Fahrzeug aus alter Märchenzeit gut befreundet und glücklich wie ein kleiner Junge.

Unsere beschauliche Rundfahrt führte über benachbarte Hügelketten mit leichtem Strauch- und vereinzeltem Baumbewuchs, sie plauderte und machte mich auf Sehenswürdigkeiten und den rechten Weg aufmerksam. Ab und zu stoppten wir und genossen den freien Blick auf die in der Dämmerung glitzernden Nachbarorte, auf die Küste und die Pazifikdünung. In Überfülle erblüht Chile im Frühling, alle Blumen sind im Wettbewerb um den schönsten Duft. Die Küstenstraße führte an den Strand, und wir hielten vor einem einfachen, weiß gestrichenen Holzhaus mit breitgefächerten Palmen. „Die besten Mariscos gibt es hier", fröhlich entstieg sie dem Wagen, der Wind erfasst ihr langes blondes Haar, es wehte im Dialog mit dem weiten Frühlingskleid. Anstelle der elegantschlichten Garderobe vom gestrigen Abend trug sie jetzt ein knielanges, ärmelloses Chiffonkleid in frischen Grüntönen.

Das kleine Restaurant am Meer stellte sich in der Tat als Geheimtipp für Meeresfrüchte aller Art heraus.

Wir nahmen den Tisch am Fenster, und sie bestellte zwei Pisco Sour als Aperitif, einen typisch chilenischen Cocktail, benannt nach der peruanischen Stadt Pisco, gemixt aus Pisco-Traubenschnaps, etwas Limettensaft, Zuckersirup, Eiklar und Eis. Ein herrlich erfrischendes, aromatisches Getränk und ein anregender Essens-Auftakt. „Der Pazifik ist groß, doch hier gibt es Meerestiere, die nur vor der Küste Chiles zu finden sind. Gestern hast Du mir im Konzert deine Musik gezeigt, heute mache ich dich mit chilenischen Meeresfrüchten bekannt." Ich war sehr einverstanden, bestand jedoch darauf, am Ende bezahlen zu dürfen und vertraute mich ihrer Führung durch den Abend an.

Eine gute Flasche chilenischen Sauvignon Blancs ruhte im Weinkühler und die Bestellung einer Auswahl mir bis dahin unbekannter Meeresfrüchte wurde mit dem Wirt abgesprochen. Die Vielfalt der Muscheln ist groß, und so begann unsere Vorspeise zunächst mit einer Kollektion aus Venus-, Pfahl- und Kammmuscheln, zusammen mit der festfleischigen weißen Loco-Meerschnecke.

Einen spektakulären Auftritt hatten sodann einige Picorocos, etwa 20 cm große Seepocken, behaust jeweils von einem mit zwei Fühlern in Form eines Vogelschnabels bewehrten Tieres, das an ein Wesen aus einem Alien-Film erinnern könnte. „Gut für den Herren", flüsterte mir der Wirt unbemerkt ins Ohr. Ich schaute zunächst, wie sie geschickt mit zarten Fingern das im Salzwasser gekochte unförmige Getier vorsichtig aus seiner Haus-Pocke herauszog und mir vorführte, wie man es, einem holländischen Hering ähnlich, im Mund versenkt oder das Fleisch mit einer Gabel abstreift. Neugierig ließ ich mich auf die mir fremde Speise ein und wurde durch ein ungewöhnliches Geschmackserlebnis von muschelähnlichem Fleisch belohnt. Die orangegelb leuchtenden, fleischigen Teile des anschließend servierten Erizo-Seeigels, werden roh gegessen, sie schmeckten leicht süß-salzig und erinnerten an rohe Gambas oder auch Muscheln, in der Konsistenz ähneln sie dem Biss in eine Scheibe gekochten Pfirsichs. Ein weicher Geschmacksakkord, wie der Klang eines Akkordeons in mittlerer Lage.

Perfekt passte dazu der Wein, um im Zusammenspiel mit der Speise eine wahre Gaumenfreude zu bilden. Es stellte sich heraus, dass sich meine Gastro-Lehrerin mit Weinen hervorragend auskannte. Kennerhaft sprach sie das erste Glas an, absichtlich im etwas gestelzten Tonfall einer professionellen Sommelière: „Mesdames et Messieurs, Señoras y Señores, Mein Dam und Erren, bitte entdecken Sie mit mir zusammen, dass der fruchtig süße Duft des jungen Sauvignon Blanc an Stachelbeeren, Johannesbeeren und frisches Gras erinnert." Sie kicherte über ihren Auftritt, ich nickte beeindruckt und sie fuhr fort im dozierenden Tonfall: „Der mineralische Geschmack ist ein überraschender Gegensatz zum Duft…, oder was meinst Du?" fügte sie sanft säuselnd an und beugte sich erwartungsvoll vor. Ihre Augen funkelten schelmisch lachend, als sie mich so überrascht sah, sie spitzte den Mund und ich entdeckte ihre kleinen Lach-Grübchen.

Ihr Vater hatte einst größere Weinländereien besessen, sie hatte sich schon lange für Wein interessiert und auf allerlei Degustationen gelernt, dass Wein nicht zuerst zum Trinken, sondern zum Schmecken gemacht wird und ein hergestelltes Getränk und keinesfalls ein reines Naturprodukt sei. „Was dem Genuss jedoch keinerlei Abbruch tut, salud", schloss sie ihre Ausführung und schlürfte genießerisch einen Schluck Wein, zusammen mit einem Stückchen orangegelbem Seeigel. Sie strahlte eine hinreißend unbekümmert mädchenhafte Frische aus, und wir stießen an auf ihre sehr kompetente Geschmacksanalyse.

Von einem Teller Limonen begleitet folgte ein Dutzend roher Machas. Bei rohen Meeresfrüchten ist für ein gefahrloses Mahl größte Sorgfalt und Frische Voraussetzung, sehr genau wurde zuvor nachgefragt, in welcher Bucht und wann genau die Machas gesammelt wurden. Es sind kleine, in der Küche bereits von der Schale befreite Muscheln. Meine Gastro-Lehrerin erklärte mir den Weg zum optimalen Genuss dieser Muscheltiere, die vor mir auf dem Teller lagen.

Rasch zerschnitt sie einige Limonen, und ich bemerkte die Kraft in ihren zarten Fingern, als sie großzügig den Limonensaft über den Tieren auspresste. Diese begannen sich nach dem intensiven Saftkontakt letztmalig auf dem Teller leicht zu bewegen. Sie lächelte erwartungsfroh, als sie sich die erste Macha sachte auf die Zunge legte, die zarten Muschelbewegungen registrierte und genießerisch zubiss. Ein kurzes Nippen am Glas und schon legte sie sich sanft eine weitere Macha auf die Zunge und bedeutete mir, es ihr gleich zu tun. „Überwindung der Scheu erweitert persönliche Erfahrungen", dozierte sie, doch ich näherte mich noch eher vorsichtig diesem Tellerdrama und zögerte, herzhaft zuzulangen.

Schließlich folgte ich als braver Schüler ihren Vorgaben und bemerkte die leise Vibration des Muscheltanzes auf meiner Zunge. Ich gestehe, dass es mich beim ersten Mal Überwindung kostete, in ein lebendes Tier zu beißen. Ich redete mir ein, auch bei einer Auster passiere nichts anderes. Beim weiteren Nachdenken fiel mir jedoch ein, dass eine Auster in ihrer Schale still und ergeben auf ihr Schicksal wartet, bei einer Macha hingegen spürt man auf der Zunge noch zartes Leben. Ich wischte meine Bedenken beiseite, schloss die Augen, biss in eine Macha und war überrascht: Der Geschmack erinnerte leicht an frische Leber mit dem Aroma frischen Seewassers, er trat in den Dialog mit dem frischen Sauvignon Blanc.

Begeistert beklatschten wir den abschließenden Auftritt einer Centolla, einer riesigen, prächtig roten Seespinne oder Königskrabbe. Es folgte ein kurzer Lehrgang im Zerlegen einer Centolla, deren Beine besonders lang und lecker sind.

Der freundliche Wirt verabschiedete uns mit Komplimenten. Er bedankte sich bei der Natur, die eine so schöne Frau erschaffen habe.

Südamerikanische Frauen freuen sich über spontane Komplimente und so gab sie dem Wirt zum Abschied einen zarten Wangenkuss. Mir gratulierte er daraufhin zu dem Glück an meiner Seite, bevor wir hinaus in den milden Frühlingsabend traten. Sie lief ein paar Schritte voraus, drehte sich dabei im Kreise, ließ das leichte Kleid mädchenhaft ein- und wieder ausdrehen, strich sich das Haar aus dem Gesicht und lächelte vergnügt. Es war unmöglich, sich diesem Zauber zu entziehen. Ein Gefühl der Vertrautheit berührte mich, ich meinte, sie bereits schon sehr lange zu kennen.

Der Wind hatte sich gelegt, der Motor sprang beim Kurbelstart sofort an, und wir fuhren einige wenige Kilometer die Küstenstraße entlang, um schließlich bei den Felsen am Ufer zu parken. Sie hatte sich ihre Sandalen ausgezogen und bewegte sich ausgelassen, mit kindlicher Freude, wie eine Gazelle, barfuß über die steilen Klippen hinunter zur Brandung.

Pazifikwellen haben sehr viel mehr Platz und Zeit als im Atlantik, um sich zu großen Energiespeichern zu entwickeln und dann als berstend krachende Brecher die Felsen der Küste erzittern zu lassen, das Wasser lief nach der Explosion um die Felsen ab, umrauschte anschließend die Steine. In der Nachbarbucht ruhten in der Dunkelheit Pelikane und Seelöwen, hier und da schimpfte ein aus dem Schlaf aufgeschrecktes Tier. In der Ferne sah man die nächtlich funkelnden Hügel Valparaisos, der vor dem Bau des Panamakanals einstmals wichtigsten Hafenstadt Südamerikas. Ein Schiff hatte den Hafen verlassen und entschwand im Halbdunkel der beginnenden Nacht. Ein Abend wie gemalt. „Könnt' ich zum Augenblicke sagen verweile doch! Du bist so schön!" fiel mir dazu ein. „Goethe, Faust", erkannte sie schnell. „Recht hatte er."

Nach dem Rundgang über die Klippen setzten wir uns mit einer Decke an den Strand am Felsen, nahe der Brandung und blickten lange einvernehmlich still über das wogende Wasser. Um diese Uhrzeit fuhren hier weder Autos, noch waren Fußgänger am Abend in dieser verlassenen Gegend unterwegs. Es war inmitten kraftvoller Naturklänge und totaler Weite ein sehr einsamer, privater Ort. Sie schmiegte ihren Kopf vertrauensvoll an meine Schulter, und ich atmete die Nacht, genoss die unmittelbare Nähe eines vertrauten Menschen, traute mich jedoch nicht, ihre Samthaut zu berühren, in der Sorge, vielleicht einen geheimen Zauber zu brechen.

Es war bereits dunkel geworden und der Sternenhimmel bereitete seinen Auftritt vor. Ein zarter Windhauch, von Lande herkommend, erfüllt vom satt-süßen Duft gelber Mimosenbäume, ließ ihr Haar schwerelos in mein Gesicht wehen. Eine sanfte Berührung nur, ein kurzer Pinselstrich und doch ein zauberhaft langer Moment. Nach einer längeren erfüllten Stille, sprach sie mit leiser Stimme, dem anrührend warm-ehrlichen Klang ihrer Seele: „ Weißt Du, ich denke an die Musik von gestern Abend, als Du mit den Händen die Klänge und auch mich berührt hast." Sie ergriff meine Hand und legte sie sich auf ihre Brust und hielt sie mit ihrer anderen Hand sanft fest. Das geschah so unvermittelt und natürlich, dass ich nicht einmal überrascht war, ihr zart pochendes Herz zu spüren. „Lass mich heute dein Klang sein", flüsterte sie, „ein Konzert, hier an diesem Ort. Es gibt nur diesen Moment. Wir sollten ihn nicht verstreichen lassen." Ohne eine Antwort abzuwarten, begann sie sich langsam zu entkleiden, grazil und so natürlich, als wäre es die selbstverständlichste Sache der Welt, eins mit der Schönheit der Felsen, des Wassers, eins mit dem Mimosenduft, dem Wind, dem Sternenhimmel. Die Natur hatte uns aufgenommen, und das Konzert mit den Klängen der Nacht war durchflutet von kraftvollen Gesängen der Felsen, den salzigen Düften des Meeres und den exotischen Blütenbäumen, den Berührungen eines zart-wilden Wesens von einem anderen Planeten, der Königin der Nacht und dem Gesang der Sterne. Ein unvergesslicher Zauberklang von Feuer und Zärtlichkeit mit ewiger Resonanz.

Die Königin der Nacht ist eine der schönsten Kakteenarten. Ihre Knospe schwillt – dehnt sich, platzt – und die prächtigen, cremeweißen Blütenblätter entfalten sich mit intensivem Vanilleduft. Sie blühen nur in einer einzigen Nacht, nur für wenige Stunden, sogleich welkt die Blüte und braucht Ruh'.

Wir nächtigten in ihrem Ferienhaus nördlich Vinar del Mars, einem gemütlichen und zweckmäßig eingerichteten Holzhaus am Strand, umgeben von einem Garten blühender Pflanzen, in unmittelbarer Nähe der rauschenden Brandung. Der chilenische Dichter Pablo Neruda konnte solche Momente in Worte fassen. Sie erinnerte sich noch an eines seiner Gedichte aus der Studienzeit. „Du machst, dass ich Gott für jeden Fehler danke, den ich beging, denn sie führten mich zum Weg, der mich zu dir gebracht hat und wenn wir uns dann gegenüberstehen, will ich, dass du mich einfach nur festhältst…"

Am Folgetag fuhren wir zum ehemaligen Wohnhaus des Autors in Isla Negra, etwa eine Autostunde südlich von Valparaiso. Isla Negra ist keine Insel, der Name bezieht sich vielmehr auf einen nahegelegenen dunklen Felsen. Der Nobelpreisträger und Politiker Neruda war Sammler von Skurrilitäten und ein Liebhaber des Meeres und aller maritimen Dinge gewesen. Er hatte sich unmittelbar am felsigen Ufer ein sehr persönliches Haus gebaut, das mit niedriger Decke, knarrenden Holzböden und engen Gängen einem Schiff ähnelte. Im Vorgarten hatten Studenten ihm, dem, Kind eines spanischen Eisenbahners, vor Jahren eine echte Dampflokomotive aufgestellt. Im Inneren wird der heutige Gast von einem ausgestopften Pferd begrüßt, und jedes Zimmer ist inszeniert: mit unzähligen Flaschen, vielen Galionsfiguren, Landkarten. Das Schlafzimmerfenster zeigt zum offenen Meer, seinem Sehnsuchtsort. Ein Haus zum Träumen und ein Egotrip eines Genies, das selbstbewusst formuliert hatte: „Ich verliebte mich in das Leben. Es ist das einzige, das mich nicht verlassen wird, bevor ich es tu."

Neruda hatte hier mit seiner dritten Frau gelebt, und ich meinte, ihn, der so brillant Farben und Gerüche hatte beschreiben können, der ein pralles Leben gelebt und beschrieben hatte, hier an diesem sehr persönlichen Ort verstanden zu haben. Ein Satz von ihm fiel mir ein: Sie können wohl alle Blumen abschneiden, doch sie können den Frühling nicht verhindern.

Adam und Eva verloren das Paradies, weil sie sich durch den symbolischen Apfel der Erkenntnis Regeln der Moral und Ethik gaben. Wir waren eins mit den Felsen, der Brandung, dem Mimosenduft und dem Ruf der Pelikane. Die Natur kennt weder Gut noch Böse, noch Moral. Vielleicht hatten wir damit den Apfel der Erkenntnis der Schlange zurück gereicht und in erfüllten Augenblicken für einen Moment das Paradies geschaut. Weitere Tage hallten lange nach, Tage reinen Lichts, die weit ins Leben leuchteten, mich bereicherten und mir im Herzen bleiben.

# Kapitel VII

## NOCHMALS ARGENTINIEN

Patagonien, die riesige Steppenlandschaft Argentiniens, umgibt ein Mythos der endlosen Weite mit Millionen Rindern, einsamen Gauchos und einzigartigen Naturerlebnissen. In der windigen Pampa spielt das Gefühl für Entfernungen keine Rolle mehr, es gibt kein rechts oder links. Straßen verlieren sich am Horizont, ein einzelner Baum wird zum Ereignis. Die Entfernungen sind riesig und der Reisende muss sich entscheiden, weite Strecken zu fliegen oder in Überlandbussen vielstündige Fahrten in Kauf zu nehmen. Ich fokussiere mich auf die Halbinsel Valdez an der Atlantikküste im Osten, den Perito-Moreno-Gletscher im Westen und Feuerland im Süden.

Tiere des antarktischen Atlantiks teilen sich die Peninsula Valdez als Kinderstube. In einigen Buchten schlüpft der Nachwuchs einer riesigen Pinguin-Kolonie, deren Eltern, im Frack watschelnd, die Nester bewachen. Sie sehen putzig aus, sind jedoch von bemerkenswerter Brutalität: Pinguine akzeptieren keine Unterwerfungsgeste eines unterlegenen Feindes, sie hacken so lange, bis er tot ist.

Die See-Elefanten bringen ihre Jungen in der nächsten Bucht zur Welt, eine besonders große Bucht haben sich die Wale ausgesucht, die sich von einem Boot aus der Nähe betrachten lassen. Vor der Küste streifen Orkas, ab und zu holen sie sich Jungtiere von der Nachbarbucht der Seelöwen. Dazu rutschen sie mit Schwung bis auf den Strand, schnappen sich eines der Jungtiere und rutschen rasch ins Wasser zurück.

Spektakulär ist die Bucht der See-Elefanten. An einer Ufer-Abbruchkante kam ich ihnen recht nahe, bis auf wenige ungefährliche Meter. Ein tonnenschwerer Fettkloß liegt behaglich in der Sonne, das Weibchen in einem Arm, es ist sehr viel kleiner, et-wa so groß wie eine Sattelrobbe. Mit dem anderen Arm kratzt er sich wohlig den Bauch, wirft ab und zu mit einer Flosse kleine Kieselsteine schwungvoll in die Luft und lässt sie genüsslich auf seinen Kopf prasseln: ein Genießer. Ein wenig erinnert das Bild an einen dicken Rockerhäuptling, der sein Motorrad abstellt, um mit seiner zarten Rockerbraut einen gemütlichen Kuschelnachmittag zu verbringen.

Der Perito Moreno Gletscher ist so groß wie das Bundesland Hessen, er wächst und schiebt sich geräuschhaft durch ein breites Tal, an manchen Tagen einen Meter pro Tag. Chile und Argentinien teilen sich die Berg- und Gletscherwelt der Anden. Die Grenze zwischen beiden Staaten verläuft auch über das Gletschereis. An diesen Stellen sind die Nationalgrenzen flexibel, sie verschieben sich stündlich.

Um hierher zu gelangen, fliegt man nach Rio Gallegos und kann während des Anfluges auf die Provinzmetropole im Atlantik riesige Wale beobachten, die in Gruppen das Meer durchpflügen. Eine mehrstündige Busfahrt, quer durch das hier bereits etwas schmalere Argentinien, bringt uns vom äußersten Osten zum Westen an die Anden, nach El Calafate, der letzten Station vor dem Eis.

Unser Schiff auf dem Lago Argentino bringt uns zu den kalbenden Gletschern, vorbei an tiefblauen Eisbergen. Einige schmelzen unregelmäßig, es ändert sich ihre Balance, stumm und ohne Wellenrauschen dreht sich ein imposanter Eiskoloss langsam auf die Seite.

Sehr nahe und dabei völlig gefahrlos kommt man dem Gletschereis auf einer dicht heranreichenden Landzunge. Hier steht man ihr unmittelbar gegenüber, einer fünf Kilometer breiten, kältestrahlenden Front etwa 70 Meter hohen Gletschereises, ein ungeheures Eismusikinstrument, bereit für ein spektakuläres Konzert.

Der Gletscher rutscht in voller Fünfkilometerbreite einige Zentimeter auf uns zu, das Tal erbebt und klingt wie ein vorbeifliegendes

Düsenflugzeug, er stockt für einen Moment, knallend entladen sich Spannungen im Eisinneren, er rutscht weiter, stockt erneut, knallt, bebt, lärmt, zischt: Der Gletscher kalbt, er gebiert schreiend, tosend in einer geräuschvollen, schweren Mehrlingsgeburt große und kleine Eisberge, ein Eismonstrum von der Größe eines Einfamilienhauses bricht ab, fällt krachend, rauschend ins Wasser und tanzt mit enormen Wellen hinter einem Gischtvorhang im aufgewühlten Meer. Kein Komponist kann mit diesem Naturklang, diesem Wechselspiel von gespannter Ruhe und rhythmisch-dynamischer Kraft konkurrieren. Der Wellentanz mit den gestürzten Eisbergen deklassiert unsere Choreographen.

Diese Landzunge ist von abertausenden Kaninchen besiedelt. Sie haben offensichtlich keine natürlichen Feinde, bis auf die nächtlichen Autos. Tagsüber sieht man sie vereinzelt über die Wiesen hoppeln, auf der nächtlichen Rückfahrt sitzen sie zu hunderten auf der Straße und gehen der Vermehrung nach. Blind vor Liebe reagieren sie nicht mehr auf näherkommende Autos, deren Fahrer schon seit Jahren keine Rücksicht mehr auf liebestolle Kaninchen nehmen, sie bleiben stramm auf dem Gaspedal. Die armen Tiere ploppen von unten gegen die Autos, wie die Mücken an die Frontscheibe. Ein Geräusch, an das man sich nicht gewöhnen mag. Nur wenige Autos fahren am Abend diese Strecke, jeder dieser Wagen hinterlässt eine lange Strecke erlegter Tiere, die am nächsten Morgen von der Parkverwaltung aufgesammelt werden.

## Feuerland

Das wohl schönste Ende der Welt besteht aus größeren und kleineren Inseln am südlichsten Punkt Südamerikas, um die sich Argentinien und Chile in der Vergangenheit mehrfach gestritten haben. Ushuaia ist die am südlichsten gelegene Stadt der Welt und letzte

Station vor der Antarktis. Der Anflug auf den Provinzflugplatz ist heikel: Die Landebahn liegt auf einem Felsen und musste vor einigen Jahren etwas verlängert werden, nachdem eine Maschine spektakulär ins kalte Wasser gerutscht war.

Diese Gegend wurde bis zur Mitte des 19.Jahrhunderts von Indios bewohnt, die sich mit den harten Lebensbedingungen sehr differenziert arrangiert hatten. Ab 1850 allerdings wurden hier Verurteilte zur Verbüßung ihrer Strafen angesiedelt. Ein Zaun war nicht notwendig: Niemand entkam diesem entlegenen Flecken. Die ersten Europäer waren, wie etwa auch in Australien und den USA, brutale, rücksichtslose Gewaltverbrecher aus Gefängnissen. Ihnen wurde Feuerland als Alternative zu einem Restleben in einer Gefängniszelle zwischen Ratten und Läusen geboten. Den ansässigen Nomaden wurde durch eingezäunte Weideplätze für die Schafe der Neuansiedler die Lebensgrundlage als Jäger entzogen. Das führte zu Konflikten. Daraufhin wurden diese gejagt, es wurden Kopfprämien auf tote Indios ausgerufen, andere starben an eingeschleppten Krankheiten, und in der ersten Hälfte des 20.Jahrhunderts waren alle ausgerottet. Keiner hat überlebt.

Es gab vielerlei Initiativen der argentinischen Regierung, diesen Südzipfel ihres Landes weiter zu bevölkern, irgendwann kamen auch Osteuropäer, unter anderen Polen und eine Gruppe Kroaten, die sich hier eine geschäftliche Chance erhofften. Einen von ihnen, den Besitzer einer kleinen, im Zentrum gelegenen Hotelpension, lernte ich kennen. Es war Nebensaison und der Aufenthaltsraum des Hotels blieb meistens leer. Jeden Tag saß der kroatische Patron vor dem Fernsehgerät und schaute sich – krank vor Heimweh – Videos mit Landschaften seiner alten Heimat an. Jeden Abend zeigte er mir die Schönheit Kroatiens, die Wasserfälle, die wunderbaren Naturschutzregionen, Blumen, die legendären Strände, die Speisen. Er erklärte mir mit Tränen in den Augen sein Heimatland, und ich lernte in diesen Abendstunden, hier am Ende der Welt, sehr viel über Kroatien, über die National- und Naturparks, die Blaue Grotte von Bisevo, den Roten See, die Canyons und Gebirgsmassive. Seit

Jahren versuchte er sein Hotel zu verkaufen. Vergeblich, er konnte sich nicht lösen, das Gebäude hielt ihn hier fest.

In der Nähe des Hafens von Ushuaia entstand ein Museum, das sich mit der Geschichte Feuerlands befasst: Museo fin del Mundo, das Museum am Ende der Welt. Eine Ausstellung mit lebensgroßen Fotos der Ureinwohner. Ernste Gesichtslandschaften schauen in die Kamera, lassen den Betrachter nicht los. Der sehr verdienstvolle deutsche Pastor und Ethnologe Martin Gusinde lebte zwischen 1918 und 1924 mit den Indios auf Feuerland, fotografierte sie, nahm Tondokumente auf und schrieb auch das einzig erhaltene Wörterbuch ihrer Sprache. Ohne ihn wüssten wir kaum etwas über diese sehr verschiedenartigen Kulturen. Später, in Buenos Aires, ließ ich mir in der Nationalbibliothek seine Werke für den Lesesaal heraussuchen. Mir gegenüber saß zufällig eine ältere Dame, die mit großem Interesse meine Ausleihe betrachtete. Nach einiger Zeit verabschiedete sie sich auf Deutsch: „Dieses Buch von Gusinde habe ich ins Spanische übertragen." Ich hielt ihre Arbeit in der Hand.

Je nach den klimatischen Eigenschaften gab es auf jeder Insel eine eigene Mikrokultur und eine andere Sprache. Ethnologen vermuten, dass die Besiedelung des „Landes des Windes" vor vielen tausend Jahren durch zentralasiatische Nomaden über die Beringstraße erfolgte.

Hier im Museum lernte ich die Geschichte der Ureinwohner kennen: die Ona (Selk´nam) als Landnomaden ernährten sich als Jäger von Guanakos und Kleintieren. Die Yahgan lebten als Wassernomaden vorwiegend auf Booten aus Baumrinde. Sie trieben ihre Boote mit den Armen vorwärts, ihre Oberkörper waren besonders gut entwickelt, ihre Beine hingegen waren schwach. Yahgan ernährten sich vom Fischfang, von Robben, Seeottern, Krabben, Seeigeln. Sie trugen keine Kleidung aus Tierfellen zum Schutz gegen Kälte und Feuchtigkeit wie andere Ethnien, sondern sie schmierten sich dick mit Robbenfett ein, in das sie zu Festtagen mit weißer Farbe einige Streifenmuster zeichneten. Angesichts des massiven Regens im Westen Feuerlands ein sozusagen fortschrittlicher Schutz: Das

Wasser perlte einfach vom Köper und sie trugen keine nasse Kleidung.

Auf den Inseln Feuerlands herrschen unterschiedliche Mikro-Klimata: Der Westen ist die regenreichste Zone der Welt und im Osten ist es trocken, im Norden gibt es Wüstenregionen. Auf Feuerland finden sich sowohl Regenwälder als auch Halbwüsten.

Charles Darwin segelte im 19.Jahrhundert auf der HMS Beagle fünf Jahre durch die Welt, 1832 kam er auch nach Feuerland. Der Kapitän der Beagle ließ drei junge Feuerländer entführen, um ihnen englische Sitten beizubringen.

Über diese und andere Ureinwohner äußerte sich Darwin, damals 22-jährig, menschenverachtend, mit letztendlich tödlicher Konsequenz. Seine Beschreibung trug zu einem verantwortungslosen Umgang mit diesen Menschen bei. Keine der Ethnien Feuerlands überlebte die Begegnung mit den Europäern, die Kulturen verschwanden in der ersten Hälfte des 20.Jahrhunderts.

Darwin beschreibt, wie sich eine junge, ihr Kind stillende Mutter neugierig dem englischen Schiff nähert und dann stehen bleibt, während der Schneeregen fällt und auf ihrer nackten Brust und auf der Haut ihres nackten Säuglings zu Wasser gerinnt: „Ich hätte nicht geglaubt, wie groß der Unterschied zwischen dem wildem und dem zivilisiertem Menschen ist: Er ist größer als zwischen wildem und domestiziertem Tier insofern, als beim Menschen ein größeres Vermögen zur Besserung vorhanden ist." Ferner schwadronierte er: „…solche Menschen zu sehen: ich kann kaum glauben, dass sie Mitgeschöpfe, Mitbewohner dieser Welt sind. Es ist ein allgemeiner Gegenstand der Spekulation, welche Freuden manche niedere Tiere im Leben empfinden können. Vieviel vernünftiger wäre es, dieselbe Frage im Hinblick auf diese Barbaren zu stellen! … wie viele Stufen der Evolution brauchen diese Kreaturen, um auf ein Niveau eines Sir Isaak Newton zu gelangen."

Darwin war ein Rassist und mir wurde klar, warum das darwinsche Denken auf der rechten Seite des politischen Spektrums Europas Effekte hatte und die Faschisten des 20.Jahrhunderts durch

Darwin inspiriert wurden. Schaue ich in die Augen dieser Menschen aus Feuerland, schaue ich in das Antlitz eines Bruders. Sehe ich einen Affen, der vielleicht wie ein Kleinkind zu handeln vermag, so respektiere ich dessen Leistung, jedoch schaut mich kein Bruder an. In der Pariser Weltausstellung 1889 wurden Menschen ferner Länder als exotische Wesen in Käfigen erstmals zur Schau gestellt, unter anderem Pygmäen aus Afrika, Inuits aus Grönland, Indonesier, auch eine Familie aus Feuerland: Yahgan, jene Wassernomaden. Eines der vier Kinder war Ona, ein 15 Jahre alter Junge. In ihrer Heimat bleiben die Yahgan nackt, hier wurden sie in ungewohnte Kleidung gesteckt und mussten zur Volksbelustigung Grimassen schneiden und auf Ziele mit einem Pfeil schießen, acht Mal am Tag gab es diese Show. Zur Beschäftigung der „Wilden" wurde etwas Material in die Käfige gelegt. Ona baute nach einigen Tagen daraus ein Musikinstrument mit einem Bogen.

Die Fotoausstellung im Museum von Ushuaia zeigte ein Bild von zwei fischenden Frauen in einem schmalen Boot, zwischen ihnen ein kleines Kind, Angelruten und Harpunen ragen über den Bootsrand hinaus. Konzentriert beobachten sie die ruhige Wasseroberfläche, allenfalls unterbrochen durch ein leises Plätschern am Boot. Ein stilles Leben, ein Bild des Friedens und paradiesischer Ruhe. Angesichts dieses Bildes wird es unerträglich, Darwins Texte weiter zu lesen, ich entsorge das Buch im Aufenthaltsraum des Hotels.

In den Tagen zuvor hatte ich den Nationalpark besucht und dessen Schönheit, tiefe Täler und Schluchten, Flüsse, Seen, Regenwälder und Moorlandschaften kennengelernt, ein unberührtes Tier- und Pflanzenleben, und hatte ein Gefühl für die Umgebung bekommen, in der diese Menschen einst lebten. Ich fühlte mich diesen fischenden Frauen sehr nahe.

Die Bäume wachsen hier sehr langsam und einige Wälder erinnern in ihrer feinen Struktur an sorgfältig arrangierte japanische Gärten. Der Wanderer geht auf weichem Moos wie auf einem dicken Langflorteppich. Die Gesetze der Natur waren hart, die Menschen hatten im Einklang mit der Natur gelebt.

# Empathie

Ich dachte an den 15-jährigen Ona, der mit seiner Familie während der Pariser Weltausstellung zur Volksbelustigung als wildes, exotisches Wesen zur Schau gestellt worden war. Er hatte mit dem Bau eines Musikinstruments geantwortet. In Paris waren zu viele laute Menschen, er ertrug den Lärm, den Geruch, den Gestank ihrer Unterkunft, den Käfig, nicht mehr. Er bedauerte die Menschen, die hier leben mussten, er konnte ihre Kultur nicht verstehen. Ona vermisste die weichen Mooswege seiner Heimat, die kühle Luft, die sich so wunderbar zum Atmen eignet und die er am frühen Morgen so gerne tief in die Lunge einsog. Als Seenomade war er gewohnt, jeden Tag mit seinen Freunden hinaus zu fahren. Sie brauchten dazu keine Ruder, sondern nur ihre Hände und kräftigen Arme. Er liebte den salzig-frischen Meeresduft, den Anblick der Sonnenstrahlen, die durch die Wolkenlandschaften brechen und flirrendes Glitzern auf das Wasser zaubern. Er war geschickt, tauchte nach einer riesigen Seespinne oder einem Seeigel und konnte Fische mit bloßer Hand fangen. Bald würde er eine eigene Familie ernähren können. Seine Hände waren groß und durchpflügten das Wasser. Zwischen den Inseln fühlte es sich unterschiedlich weich an, er spürte die feinsten Unterschiede, kleinste Temperaturschwankungen konnte er wahrnehmen, jede Insel veränderte das Wasser. Dieses kristallklare Wasser war sein Element und mit jeder Bewegung umarmte er das Wasser als seinen Dialogpartner, es verriet ihm viele Geheimnisse. Feuer auf den Felsen kündigten die Jagd auf ein großes Tier an, das nur gemeinsam erlegt werden konnte. Dazu fuhren sie Kleinstfeuer auf ihren kleinen Booten zu markanten Felsen am Ufer. Sie paddelten gemeinsam zu den bereits von fern stinkenden Ruheplätzen der Seelöwen. Die Tiere rutschten aufgeregt ins Wasser, als er sie mit seinen Freunden leise überraschte. Sie hatten Jagdglück, erlegten mit ihren Harpunen einen mittelgroßen Seelöwen, alle halfen, die Beute aufs Boot zu ziehen. Das Blut war noch warm, es schmeckte nach Leben.

Er hatte im Käfig der Pariser Weltausstellung Sehnsucht nach seinen Moor- und Waldlandschaften, wollte wieder über weiches Moos gehen, mit den nackten Füßen die Erde und feuchtes Moor spüren. Still ist es hier, das Moos saugt jeden Klang, jedes Geräusch. Eine innige Stille, die das Herz öffnet, es singen lässt.

Man kann nichts spüren, ohne sich selber zu spüren. Er hatte Sehnsucht nach dem Duft moosbewachsener Buchen, sie und die Zimtbäume und Zedern wirken mit ihren Mistelgästen geheimnisvoll stumm und scheinbar unbelebt – nur einzelne Vögel, wie verirrt. Ein Gnom oder eine Fee mag in diesem Zauberwald wohnen, wo lichtgrüne Flechten von den Laubbäumen herunterhängen und im Licht schimmern wie Spinnenweben.

Er wusste, dass die Bäume über ihre Wurzeln kommunizieren und liebte den Geruch des moderigen Holzes am Waldrand im frühen Morgennebel und er hatte Sehnsucht nach dem Pilzbrot, den knotenartigen Wucherungen an den Bäumen, die er immer gerne aß. Hier wuchsen bunt blühende Polsterpflanzen, die beim Auftreten leise knistern, blaue und gefleckte Veilchen, Fuchsien, Nelken lockten Insekten mit süßer Verführung, duftende Schwertlilien, kleine weiße und gelbe Orchideen, Farngewächse streiften die Beine.

Er hatte Sehnsucht nach den erfrischenden süßen roten und den säuerlich blauen Beeren und dem würzigen Heidekraut. Die Natur war hier besonders großzügig und beschenkte überreich.

Er hatte Sehnsucht nach seinem Paradies. Doch es war ein großes und tragisches Missverständnis: Kein Feuerländer überlebte die Reise zu den Menschenausstellungen in Europa.

Ich habe mich für Tonaufnahmen der Gesänge dieser beeindruckenden Menschen interessiert und wurde zum Museumsdirektor begleitet. In einem kleinen Büro, patriotisch ausgestattet mit der Nationalflagge, schaut mich der Direktor über seinen dunklen Schreibtisch mit glasigen Augen an. Offensichtlich hatte er ein Alkoholproblem.

Ich begann mit Komplimenten über die in der Tat beeindruckende Fotoausstellung in seinem Hause, er nickte abwesend. Ich erklärte, dass ich mich für die Kultur der Ureinwohner interessiere und ich wenige Monate zuvor in der Mongolei, am anderen Ende der Welt, ähnliche Gesichter gesehen hätte. Er begann zuzuhören und als ich nach Tonaufnahmen fragte, kam Leben in sein welkes Gesicht. Tatsächlich verfügte er über Tonaufnahmen der letzten Feuerländer – sein ganzer Stolz. „Gib mir 100 Dollar und ich schicke Dir Kopien nach Deutschland", sagte er mit glasigen Augen, bot mir einen Schnaps an, goss sich selber ein Glas voll und wir stießen an, auf dieses mir unsicher erscheinende Projekt. Ich vermutete eine unmittelbare Wandlung des Geldes in Alkohol. Doch ich hatte mich getäuscht und wurde belohnt: Sechs Monate später erhielt ich ein Päckchen mit mehreren Cassetten und Fachartikeln über die letzten Ureinwohner Feuerlands! Danke, Herr Direktor!

# 36 Fotos auf einem Bild

Fotos einer Reise helfen der Erinnerung, doch oft genug schaut man sie nur ein- oder zweimal an, zeigt sie der Familie, guten Freunden; daraufhin verschwinden sie in Fotoalben, Kartons und verstauben. Ich beschloss, mich bei dieser Reise zu disziplinieren und mit nur jeweils einem Bild einen Erlebnisort zu dokumentieren. Die wichtigsten Stationen hielt ich auf einem einzigen Film mit 36 Bildern fest: die Straßen und den Konzertsaal von Montevideo, San Juan, die Wüste, die berühmte Friedhofsstadt Recoletta in Buenos Aires, die Reise nach Peninsula Valdez mit den vielen Tieren. Durch einen von mir unbemerkten Defekt wurde der Film in der Kamera nicht transportiert, sondern ein und dasselbe Bild 36 Mal immer wieder belichtet. Die Reiseerinnerungen befanden sich nun allesamt auf einem einzigen Bild, ein unvergleichliches Chaos von Walen, Konzertsaal, Friedhof und persönlichen Erinnerungen – ein Geschenk des Zufalls. Das pralle Leben. Südamerika.

# Danksagung

Ein Buch ist das Ergebnis guter Zusammenarbeit. Ich bedanke mich für die vielen Anregungen bei Traute Hensch und die kritische Lektüre bei Renate Beuerle und Klaus Burger. Last but not least bei der Mannschaft des MANA-Verlages.

# BILDTEIL

# Bildnachweis

Mexico City, im Hintergrund die Sierra Nevada

Die Pyramide von Teotihuacan, Mexiko

Der Kongresspalast in Buenos Aires, Argentinien

Tango, ein trauriger Gedanke

Grill in einer Parilla

uditorio, San Juan, Argentinien

andschaft in der Provinz San Juan, Argentinien

Valle de la Luna, das „Mondtal", San Juan, Argentinien

Ein Ford A, Baujahr 1930, in Montevideo

Uruguayischer Tannat

Strand an der Copacabana

Die Wasserfälle von Iguazu, Argentinien, Brasilien

Iguazu: Garganta del Diabolo

Iguazu: ein Regenbogen

Mercado del Puerto, Montevideo, Uruguay

Salar de Atacama, Chile

Südbuchen, Feuerland Argentinien

Der Gletscher Perito Moreno, Feuerland, Argentinien